억만장자의
커닝페이퍼

억만장자의 커닝페이퍼

1판 1쇄 펴낸 날 | 2009년 10월 19일

지은이 | 히라 히데노부, 하야시 요이치
옮긴이 | 박기현
펴낸이 | 임동선
편집장 | 임선영
펴낸곳 | 늘푸른소나무

출판등록 | 1997년 11월 3일 제 1-3112호
주 소 | 서울시 마포구 서교동 351-25 유창빌딩 401호
전 화 | (02)3143-6763~5
팩 스 | (02)3143-6762
이메일 | esonamoo@naver.com

ISBN 978-89-88640-83-8(03320)

· 잘못된 책은 꼭 바꾸어 드립니다.
· 책값은 뒤표지에 있습니다.

OKUMAN CHOJA NO CUNNING PAPER

Copyright © 2008 by Hidenobu Hira, Yoichi Hayashi
Korean translation rights arranged with Index Communications Corporation
through Japan UNI Agency, Inc., Tokyo and Korea Copyright Center, Inc., Seoul

억만장자의
커닝페이퍼

살아 있는 억만장자, 히라 히데노부의 장례를 치르다

2008년 11월 1일 억만장자 히라 히데노부의 장례식이 치러졌다. 그런데 히라 히데노부 씨는 죽은 것이 아니었다. 장례위원들은 아직도 생생하게 살아 있는 이 중년남자의 장례를 갑자기 치러버린 것이었다. 이 장례는 히라 회사의 핵심 사원이며, 최고참이자 측근인 하야시 요이치가 직접 장례위원이 되어 기획한 것으로 알려졌다.

하야시는 왜 살아 있는 사람의 장례를 치른 것일까? 모두가 살아 있는 히라의 장례식이 거행된 것을 궁금해 하며 그 이유를 물었다.

알고 보니 그것은 히라의 사업과 일이 정체 상태에 이르렀기 때문이었다. 그가 독립한 지 8년째. 억만장자 히라 히데노부는 어느 새 커다란 벽에 부딪혀 있는 상태였다.

성공한 기업가, 마케팅의 천재, 수만 부의 책을 판 베스트셀러 작가…

곁에서 보기에 히라는 한창 주가를 올리며 정상의 계단을 올라가고 있는 것처럼 보였을지도 모른다. 그러나 현실에서는 투자에서 실패하고 사원들이 퇴사해 나갔으며, 선의로 대했던 사람들이 배신하는 일까지 일어났다. 소송이 제기되고 가정이 6년 만에 깨지는 위기도 겪었다.

이러저러한 사건이 끊임없이 일어났다. 그래도 이런 문제들 가운데 어느 것 하나도 억만장자인 히라에게 치명상을 줄만큼 큰 사건은 아니었다. 그가 사라져야 할 특별한 이유가 없었던 것이다. 물론 그 사이에 5억 엔이었던 히라의 연봉은 2억5천만 엔으로 줄어 들었다.

하지만 히라는 끊임없이 일어나는 일련의 작은 사건들을 하나의 전기로 받아 들였다. 새로운 자신으로 태어나고 변화되기 위해서 자신에게 주어진 기회라고 여긴 것이다. 그리고 그는 결심했다. 스스로 죽어야 한다고 생각한 것이다. 그것이 자신의 장례라는 이벤트로 나타나게 되었던 것이다.

히라, 마지막 유산을 고객에게 돌리다

2009년 1월 1일 히라는 1년간 결코 돌아올 수 없는 여행을 떠나기로 마음먹었다. 짐은 배낭 하나뿐. 신용카드, 귀중품의 휴대는 생각도 하지 않았다. 무전여행이다시피 한 가난한 여행이었다. 이것은 그의 허세나 과시도 아니었다. 그는 진정 현실적인 모든 것을 버리고 마음을 비울 생각을 굳히고 있었다. 이미 여행 준비는 시작되고 있었다.

우선 그는 목욕탕 물처럼 돈을 써버리는 신용카드 중독에서 벗어나기 위해 신용카드를 아내에게 넘겨버렸다. 호신술을 위해 복싱도 배우기 시작했다. 하지만 더 중요한 것은 그가 돌아올 수 없는 강을 건너버렸다는 점이다.

그에 앞서 2008년 11월 1일, 하야시가 '히라 히데노부의 장례'라는 이벤트 성격의 세미나를 개최하고 자기 마음대로 '히라 히데노부의 마지막 여행'을 대외적으로 선언해버렸기 때문에 히라로서는 더 이상 물러날 수도 없게 되어버린 것이었다.

이 책은 이렇게 '히라의 죽음과 홀로 여행' 이라는 상황속에서 집필되었다.

8년에 걸쳐서 공개되어 온 히라의 마케팅 노하우도 점점 다음 단계로 나아가기 위한 과정으로 들어서고 있었다. 그래서 히라는 그가 여행을 떠나기 전에 자신이 억만장자로 성장한 비결을 모두 공개해버리려고 생각한 것이다.

하야시 요이치는 히라의 특별한 창업 노하우, 마케팅 정보, 살아 숨쉬는 유익한 경험과 히라의 속뜻을 헤아리고 그의 생각과 경험을 글로 함께 표현한 이 책의 공동 필자다.

하야시는 6년 전 아직 히라가 억만장자 히라 히데노부가 아니라 단지 평범한 중년 사내였을 무렵 갑자기 제멋대로 제자로 들어와 버린 남자였다. 그 때 나이 겨우 스물 두 살이었다. 그러나 히라 혼자서는 불가능했던 것을 하야시와 함께 하게 되자 그들은 일약 업계 최고의 마케터가 되었고 독보적인 존재가 되었다.

억만장자 히라 히데노부는 이렇게 하야시의 등장과 함께 시작되었다. 스물 두 살의 청년 하야시와 히라가 어떻게 하여 억만장자의 모델을 그려내고, 수천만 엔의 연봉으로부터 그 열 배인 수억 엔의 수입을 올릴 수 있게 된 것일까.

이 책은 그 최고의 비밀인 '억만장자의 커닝페이퍼'를 통해, '다섯 가지의 절대 비밀 정보'를 처음 독자들에게 공개하는 것이다.

이 '커닝페이퍼'와 '비밀 정보'라는 단어는 수십 종류의 모두 수천 페이지에 달하는 히라의 마케팅 교재 속에서도 한 번도 언급하지 않은 단어이다. 왜냐하면 필자들은 한결같이 이 '커닝페이퍼'와 '비밀정보'의 존재에 대해 숨겨왔기 때문이다.

이유는 두 가지다. 첫째는 이것을 남들이 흉내내면 우리들이 정작 필요할 때 활용할 수 없기 때문이다. 둘째는 이 커닝페이퍼는 지금부터 1년 전 단계에서도 아직 미완성이었기 때문이다.

'억만장자의 커닝페이퍼'가 완성된 것은 2008년 6월 1일이다.

하야시는 2년간에 걸쳐 이것을 정리한 후 참가비 10만 엔이나 되는 비밀 세미나를 열어 100명을 한정하여 공개하였다. 이 커닝페이퍼는 히라와 하야시가 10년간 모아 온 컨설팅 노하우와 십 수만 명의 고객에 대한 성공과 실패의 데이터 등 살아 있는 모든 정보를 수록한 귀중한 자료였다.

이 책은 히라가 이번 여행을 떠나기 전, 출판사 측의 열성과 요청을 받아 들여 자신의 모든 비밀정보를 공개하기로 함으로써 독자들을 위해 책으로 꾸미게 된 것이다. 필자들은 적어도 독자 여러분이 이 책을 사기 위해 투자한 책값의 백 배의 가치가 있을 것이라고 보증한다.

끝으로 억만장자 히라 히데노부의 처음이자 마지막 유산을 독자 여러분들이 제대로 받아들여 모두가 억만장자의 길로 들어서기를 기대한다.

히라 히데노부

하야시 요이치

목차

제3장 마인드편
억만장자가 될 수 없는 사람의 7가지 패턴

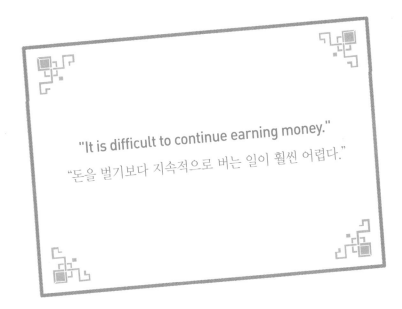

"It is difficult to continue earning money."

"돈을 벌기보다 지속적으로 버는 일이 훨씬 어렵다."

커닝페이퍼라는 말은 원래 Cheatsheet라고 불러야 문법적으로도 구어적으로도 맞는 말입니다. 그러나 일본과 한국에선 커닝페이퍼라는 말로 통용되어 왔고, 필자들이 제목을 커닝페이퍼라는 말로 붙였기 때문에 원문 제목을 그대로 표기하였습니다.

– 편집자 주 –

제1장 **마인드편**

'**억만장자 커닝페이퍼**'

우리 필자들이 목표로 하는 억만장자는 다음 세 가지 조건을 만족시켜야 하는 것이다.

첫째, 자유로울 것.

둘째, 즐거울 것.

셋째, 인생을 컨트롤 할 수 있을 것.

평범한 아저씨 히라가
억만장자가 된 사연

하야시 요이치가 히라의 회사 인프로빅에 입사한 2004년 4월, 히라는 그저 평범한 아저씨일 뿐이었다. L하우스라는 공무점의 사장으로 어느 정도 수입은 올리고 있었다. 하지만 그것뿐이었다. 사원들로부터는 사장님이 아니라 히라 씨라고 불렸고, 부인인 히라 부사장도 마사코 씨라고 불리고 있었다.

사원들과는 친숙한 공장장이나 친구처럼 함께 술을 마시러 가기도 하고, 야구장을 찾기도 하는 사이였다. 때로 도쿄로 출장가면 도쿄 토산품을 사오기도 하는 등 지극히 소박하고 실로 어디서나 만날 수 있는 지방 중소기업에 다니는 평범한 중년 아저씨였다.

하야시는 인프로빅에 막 입사했을 때 당시의 히라를 잘 기억하고 있다. 후광이라고는 찾아볼 수도 없었고, 카리스마는 더구나 없었다. 스물두 살의 하야시 입장에서 보자면 그저 늙어가는 중년이었을 뿐이며, 어디서나 만날 수 있는 그저 그런 경영자에 지나지 않았다. 그것은 하야시도 마찬가지였다. 홋카이도 대학을 막 졸업한 그는 365일 똑같은 옷을 입고 있는, 야무진 데라곤 없는 역시 너무나도 평범한 청년이었다.

어디를 봐서도 뭔가를 이루어 낼 것 같은 두 사람은 절대 아니었다.

하지만 억만장자 성공스토리는 이런 미약한 상태의 두 사람에게서 시작되었다.

사실 외견상으로 뿐 아니라 히라의 이력도 그저 그런 평범함을 보여 주고 있었다. 샐러리맨 생활을 20년 이상 보내고, 40대에 들어서서 겨우 독립했다. 독립하고 나서도 오랫동안 버텨온 것도 아니었다. 물론 독립조차도 자신이 능동적으로 일을 벌려 시작하지도 않았다.

히라가 전에 다니던 회사가 망가지면서 1억 엔의 빌린 돈을 떠맡게 되었기 때문에 할 수 없이 독립하지 않을 수 없었던 것이다. 발군의 재능이 있는 사람은 늦어도 30대에는 그 싹이 나타난다고 한다. 그리고 물 만난 고기처럼 목표를 간절하게 기다렸던 것처럼 세상속으로 달려 들어간다.

반짝이는 아침 해처럼 영화속 주인공처럼 씩씩하고 용감하게 말이다. 그러나 히라는 사십대가 되어서 어쩌다보니 샐러리맨 생활로부터 밀려나온 것뿐이었다. 마치 기울어져가는 석양처럼 인생의 막차를 타게 된 것이었다.

근무하고 있던 회사가 기울지만 않았다면 히라는 샐러리맨으로 주욱 살고 있었을 것이다. 그런 지극히 평범한 남자가 지금 억만장자가 된 것이다. 그것도 어쩌다가 어느 해에 1억 엔을 벌었다는 것이 아니다. 자산은 어느새 10억 엔을 넘어섰고, 내년과 내후년도 컨설턴트로 수억 엔씩 벌어나가게 될 억만장자의 대열에 올라선 것이다.

그러면 히라처럼 평범한 아저씨가 억만장자가 된 비밀이 분명히 있지 않을까? 그 유일한 해답이 이 책, '억만장자의 커닝페이퍼'에 담겨 있다. 그러므로 성공하고 싶은 독자라면 한 장이라도 소홀하게 읽지 말고 끝까지 그 비밀을 찾아봐야 하지 않을까?

재능도 아이디어도 필요 없다

기업을 생각하고 있는 사람은 우선 어떤 비즈니스를 해야 할 것인가에 온 신경을 집중한다.

아이템은 어떤 것이 좋을까? 그것을 팔기 위해서는 어떤 광고를 붙여야 좋을까? 어떤 것이 잘 팔릴까? 온종일 그것만을 생각한다.

그리고 '상품을 팔기 위해 마케팅이라도 배워 볼까?' '손쉽게 창업 정보라도 공부해 볼까?' 라는 생각도 하게 된다. 행동형 인간이라면 '샐러리맨 시대에 저축해 둔 천만 엔을 자본으로 라면 가게를 시작해 볼까' 라든지, '프랜차이즈 사업권을 받아 편의점이라도 해 볼까' 라고 생각하게 된다. 많은 사람들은 그 정도 수준의 것을 생각할 뿐이다. 그리고 실제로 독립하여 창업을 시작해버린다. 직장에서 우수하다고 평가를 받던 회사원조차도 실제로 기업을 준비하는데 있어서는 그 정도에 그친다. 더 이상 깊이 준비하지 않는 것이다.

그러나 그 상태로는 대부분의 경우 실패만 맛볼 뿐이다. 원인은 단순 명쾌하다. 준비가 너무도 부족했기 때문이다.

- 마케팅 이론을 공부했다. 성공 사례도 공부했다.
- 홈페이지 구축하는 법을 습득했다.
- 독립할 업종을 어느 정도 조사했다.

이 상태가 되면 '이제 준비가 되었다'면서 창업을 감행해 버리는 사람들이 너무도 많은데, 그것은 준비한 것도 아니다. 사실 이 상태로는 독립한 그 달부터 흑자가 되는 것은 거의 불가능하다. 그리고 다음 달 그 다음 달조차 흑자가 어려워져서 창업자금을 점점 까먹게 되어 버린다. 결국 기업의 문을 닫고 도로 샐러리맨으로 돌아가는 상황이 되어버리는 것이다.

이 패턴은 특별한 경우가 아니다. 십 수만 명의 회원을 확보하고 있는 히라와 하야시가 수천 명의 창업자를 만나본 다음 얻은 전형적인 실패 패턴의 사례이다.

그러면 '기업할 준비가 다 되었다'는 단계는 도대체 어떤 것일까. 그 단계는 결국 이 책의 타이틀로 붙인 '억만장자의 커닝페이퍼'를 완전히 꿰뚫어 이해한 시점이 될 것이다. 자. 점점 더 '억만장자의 커닝페이퍼'가 궁금하지 않은가?

뛰어난 비즈니스맨과
억만장자의 결정적인 차이

히라는 지금부터 창업하려고 생각하고 있는 사람, 또 창업은 했지만 기업이 잘 돌아가지 않는 사람들에게 이 말을 들려주고 싶어 한다.

"삼류들은 생각도 비슷하다!"

이건 무슨 뚱딴지 같은 말일까?

현실에선 예비 창업자가 CEO를 꿈꾸고 기업을 시작해 막상 독립하게 되면 무엇부터 어디까지 자신이 할 것인가를 생각하는 경향이 있다.

보통은 대량으로 정보를 받아 들여 최대한 배우려 들고, 배움이 어느 정도 끝나 이제 됐다 싶으면 창업을 준비하는 것이 기본이다.

그럴 경우 '이제 됐다'는 시기를 언제로 볼 것인가가 대단히 중요해진다. 문제는 많은 사람들이 생각하는 기업 준비 시점을 자기 나름의 미숙한 판단으로 너무도 쉽고 편하게 정해버린다는 것이다. 필자는 말한다. 결단코 그런 방법으로는 억만장자가 될 수 없다.

왜냐하면 그것은 억만장자가 되기 위한 준비가 결코 아니기 때문이다.

그것은 우수한 비즈니스맨이 되기 위한 준비일 뿐이다.

물론 공부가 쓸데없다는 것은 아니다. 공부 그 자체는 즐겁다.

교양과 화제가 풍부해지면 지적인 대화도 즐거워지고, 즐거운 사람이라는 평가도 받게 될 것이다. 하지만 당신의 목표가 억만장자가 되겠다거나, 독립해야겠다는 것이라면 이야기는 별개다.

'공부하고 있다' '준비하고 있다'는 안도감만으로는 부족하다. 창업자금이 점점 줄어들어가는 불안감에 직면하면 그것은 일순간에 사라져버린다. 그리고 금방 패닉 상태가 되어버린다. 따라서 창업하고 싶어도 좀처럼 용기를 내지 못한다. 그런 사람은 사실 올바른 직감을 가지고 있다고 봐도 좋다. 이 상황은 진정한 준비가 되지 않았으므로 자신도 믿지 못하고 용기도 내지 못한다. 하지만 그 직감을 믿고 창업을 시작하지 않으면 오히려 잘 하는 것이다. 문제는 그 직감을 믿지 않고 무모하게 시작하는 이들이다. 이들은 거의가 창업 실패자로 남아버릴 확률이 높은 것이다.

문제는 그런 준비를 십 년 혹은 이십 년 해 봐야 창업을 하기 위한 진짜 준비에 이르기는 어렵다는 것이다.

기업하는 사람이든 일반 세상의 구성원이든 간에 '어떻게 하든지 특정 분야를 공부하는 것은 좋은 일이 아닐까?' 라고 생각하는 사람들이 대부분이다. 그러나 이것이야말로 결국 공부 만능주의의 폐해가 아닐까? 적어도 이 책의 공동 필자인 히라와 하야시는 그렇게 생각하고 있다.

공부만 해서는
억만장자가 될 수 없는 이유

세상은 여전히 공부 만능주의 속에 빠져 있다. 서점을 나가 보면 'OO공부법' 'OO학습법'과 같은 책이 서가를 가득 채우고 있고, 그 중에선 베스트셀러도 계속 나오고 있다.

물론 이 같은 책을 읽고 샐러리맨이 자신을 업그레이드하여 목표 지향적으로 나아가는 것은 좋은 일이다. 그만큼의 효과를 얻을 수도 있을 것이다.

그러나 억만장자를 목표로 하는 사람에게 있어서는 이것이야말로 가장 피해야 할 위험한 덫이다. 왜 그럴까?

'공부하면 뭐든지 잘 될 것이다'라는 성공에 대한 공부 만능주의 이미지와 체험이 우리 골수 속까지 깊이 스며들어 있기 때문이다. 이 것은 반드시 기억해 두시기 바라는데, '성공 체험' 만큼 조심해야 할 것은 없다.

우리들이 보아온 수천 건의 실패 사례 중에 90%가 이 성공 체험이 란 것과 깊은 관계가 있다. 한 번 어쩌다가 성공하면 그 체험과 쾌감 이 골수에 깊이 스며들게 된다.

사람은 그 이후 어떻게든 실패를 반복하지 않겠다고 하면서도 몇 번이나 계속해서 똑같은 행동을 되풀이하는 경향이 있다.

라스베가스 게임장에서 초보들이 출입하는 곳에 들어가 큰 돈을 딴 사람이 프로게이머들 사이에 들어가 파산하고 마는 것처럼 대개 의 사람은 자신의 체험으로 움직이기 때문에 다른 곳에서는 실패의 가능성을 늘 열어놓고 사는 것이다.

일설에 따르면 공룡은 몸집이 거대해지면서 지구를 제패할 수 있 었다. 하지만 빙하기가 오자, 몸집이 큰 생물은 먹이를 획득할 수 없 게 되어 불리해졌다. 이렇게 되면 환경에 적응하기 위하여 다시 몸집 이 작아져야 하는 것이 진화의 원칙이다. 그러나 공룡은 너무 커져버렸다. 과거 수천 수만 년 거대화하는 것으로 성공해 왔기 때문에 거대화가 불리한 상태가 되어도 더 거대해지다가 결국에는 멸망으로 치닫고 말았다는 것이다.

'성공 체험을 되풀이 한다!'

이것은 살아 있는 생물이라면 피할 수 없는 법칙인 것이다. 샐러리맨 세계에서 통용하는 방식으로 성공해온 사람은 독립해도 반드시 그 방식대로 성공하려고 한다. 그리고 결국에는 실패하게 된다.

히라와 하야시는 중소기업을 위한 컨설턴트로 5년 동안 마케팅 학습교재를 개발하고 판매해 왔다. 그리고 많은 성공한 경영인과 억만장자들을 배출해 왔다고 자부해 왔다.

그러나 성공한 사람은 교재 구입자의 불과 5%에 지나지 않는다. 5년간 시행착오를 거듭하면서 교재를 계속해서 고쳐왔지만, 성공하는 사람들은 늘 5% 수준이었다.

우리들은 고민에 빠졌다. 왜 이런 일이 계속 되는 것일까?

히라는 컨설팅회사인 인프로빅의 실무를 거의 하야시에게 맡기고 있었으므로 하야시에게 그 원인을 캐물었다.

사장의 질문을 받은 하야시는 고객으로부터의 메일을 하루 5천통 이상 받아 전화 상담에 임하며, 2년간 그 원인을 찾았다. 일본에서도 세계에서도 혼자서 이만큼 많은 고객과 컨설팅을 행한 사람은 거의 없을 것이다. 하야시는 지금까지도 약 5천 명이나 되는 고객의 이름과 고민사항을 거의 기억하고 있는데, 그것이 하야시의 귀중한 자산이 되고 있다.

그리고 하야시는 또 하나의 결론에 도달했다.

성공하지 못하는 사람의 95%는 마케팅 교재를 학교 공부처럼 열심히 공부하는 사람들이었다는 것이다.

그런 결론에 도달한 하야시는 히라에게 보고했다.

"제게 천만 엔을 투자해 주십시오. 그리고 미국 뉴욕에서 창업하게 해 주십시오. 2년간 이 문제에 대한 해결책 즉, '억만장자가 되기 위한 커닝페이퍼'를 완성하고 귀국하겠습니다."

히라의 승낙은 그날 중에 떨어졌다. 이리하여 하야시는 혼자 천만 엔의 자금을 가지고 미국으로 여행을 떠나 뉴욕 맨하탄에서 창업하기에 이르렀다.

커닝페이퍼를 만들기 위해
뉴욕에서 창업하다

하야시는 2006년 5월 1일, 뉴욕 땅에 발을 디뎠다. 왜 그가 아메리카를 택한 것일까. 그것은 우리들이 억만장자를 만들기 위해 사용한 가장 근본적인 노하우가 다이렉트 레스폰스 마케팅(DRM)이고, 그 DRM의 발상지가 미국이었기 때문이다.

일본에서는 DRM이라고 하면, 뭔가 특별하게 공부한 사람만이 사용할 수 있는 테크닉이라는 생각을 하는데, 미국에서는 아무나 이 방법을 사용하고 있다.

예를 들면,

- 자신의 차를 팔기 위해 스스로 광고를 만들고, 광고 카피까지 붙여 판다.
- 2주간 여행을 갈 때는 게시판에 사람들을 모아 그 기간 동안 방을 임대해 준다.
- 내 집을 팔 때조차도 스스로 광고를 내고 집 살 사람을 찾는다.

는 식이다.

일본에서는 누구나가 어느 정도 하이쿠(일본 고시조)를 만들 수 있듯이 미국과 같은 DRM의 노하우 발상지에서는 남녀노소 누구나 크든 작든 이 정도의 노하우를 사용하는 것은 기본이다.

왜 미국인들은 특별히 공부하지 않아도 DRM을 자연스럽게 구사할 수 있을까? 이 배경을 이해하면 그 해답을 찾을 수 있는데 이 책이 바로 그 해답을 담고 있다고 보면 된다.

'억만장자의 커닝페이퍼'라는 이 책의 효과를 필자 히라와 하야시는 이렇게 표현한 적이 있다.

- 특별히 아무것도 하지 않고도 자연스레 최신 마케팅을 습득할 수 있다.
- 특별히 아무것도 하지 않아도 자연스레 히트 상품을 만들 수 있다.
- 특별히 아무것도 하지 않아도 자연스레 잘 팔리는 광고 카피를 만들 수 있다.
- 특별히 무엇을 하지 않아도 자연스레 억만장자로 성공할 수 있다.

당신은 온라인 쇼핑몰이나 각종 사이트에서 하도 여러 번 속아봐서, 앞에서와 같은 표현을 보면 또 지겨운 과대광고인가라고 생각할지 모른다. 그만큼 현실성이 없는 표현일 수도 있다.

그러나 이렇게 생각해 주기 바란다. DRM의 발상지인 미국에서는 아무나 DRM을 사용하고 있다는 것이다. 이것은 일본에서 태어난 아이는 자연스럽게 일본어를 당연한 것처럼 사용하는 것과 같은 이치다.

그렇게 생각해 보면 원래 확실한 법칙을 기준으로 삼아 공부하면 자연스럽게 마케팅도 몸에 익히게 되고, 사고방식도 배우게 되어 억만장자가 될 수 있지 않을까? 그렇게 성공한다 해도 조금도 이상한 일이 아니지 않겠는가.

하야시가 뉴욕에서 창업한 것은 미국에서라면 누구라도 자연스럽게 마케팅을 체득하고 억만장자가 될 수 있다는 원리를 확인하러 가기 위한 것이었다.

여담이지만 미국에서의 체류는 주된 목적인 '억만장자의 커닝페이퍼'를 만들기 위한 것 이외에도 여러 가지 많은 다른 배울 거리를 하야시에게 제공해 주었다.

하야시는 미국인 사원 두 명을 고용하면서부터 그들의 근로의식이 의외로 낮음과 일일이 논쟁을 일으켜오는 태도에 적잖이 당황하고 놀라게 되었다. 별 일 아닌 데도 이심전심으로 재미있게 일을 처리해 주는 일본인 근로자의 고마움을 통감할 수밖에 없었다.

그러한 각가지 우여곡절을 겪으며 필자는 2008년 3월 드디어 '억만장자의 커닝페이퍼'를 완성하였다.

올림픽 선수와 억만장자의 성공법은 반대이다.

많은 사람들이 창업할 때 착각하는 것은 자신이 뭔가의 스킬을 마스터하지 않으면 안 된다고 생각하는 것이다. 단언컨대, 그것은 착각이다. 필자 히라는 그 부분을 확실하게 지적하고 있다.

운동선수가 자신을 업그레이드하려면 스스로 열심히 할 수밖에 없다. 육상 단거리 주자라면, 0.1초를 단축하기 위해 상상을 뛰어넘는 노력을 기울여야 할 것이다.

하지만 억만장자는 육상선수가 아니다. 하나만을 죽어라고 파는 육상선수의 미덕은 오히려 결점이 된다.

억만장자에게 있어 가장 중요한 것은 돈을 버는 것이다. 그것을 위해 필요한 것을 하면 되는 것이다.

한마디로 말하자면, 억만장자가 되기 위한 공부는 목적이 다르다는 것이다. 보통의 공부와는 지향하는 목표가 다른 것이다.

억만장자가 되기 위한 공부의 목적은 핵심을 정통으로 맞추는 것이다.

즉 억만장자가 되면 좋은 것과 나쁜 것의 구별이 확실해 진다는 말이다. 다시 한 번 이야기 하자. 억만장자가 되기 위한 공부의 목적은 좋은 것과 나쁜 것을 확실하게 구별해 내는 것이다. 이것뿐이다.

좋은 것과 나쁜 것을 구분하는
억만장자의 천리안

필자 히라는 옛날부터 좋은 것과 나쁜 것을 구분하는 눈이 확실했다. 그것만이 장점이었다고 해도 지나친 말이 아닐 정도였다. 그 옛날 한나라를 일으킨 황제 유방도 그랬다고 한다. 의외로 받아들일지도 모르지만 히라는 미술품의 가치를 일순간에 구분해 낼 수 있다.

백 권의 비즈니스 서적 중에서 좋은 비즈니스 책을 5초 만에 찾아낼 수도 있다. 팔리는 광고와 팔리지 않는 광고도 한순간에 구분해낼 수 있다. 이것이야말로 억만장자가 되기 위한 공부를 거듭해 온 결과인데, 히라가 몸에 익히고 있는 유일한 스킬이다.

왜 그런 것이 가능하게 되었을까? 답은 간단하다.

"좋은 것을 대량으로 계속해서 찾다 보면 자연스럽게 좋은 것과 나쁜 것을 구분할 수 있게 된다"

이것뿐이다.

히라는 옛날부터 미술관을 다니곤 했다. 때문에 좋은 미술품을 한 눈에 알아 볼 수 있게 되었다. 마찬가지로 히라는 옛날부터 비즈니스 서적을 죽어라고 태산처럼 많은 양을 읽어왔다. 때문에 이제는 좋은 비즈니스 서적을 금방 구분할 수 있게 된 것이다.

히라는 일본에서 누구보다도 좋은 광고를 많이 보아 왔다. 때문에 좋은 광고는 한 눈에 구분해 낼 수 있었다.

이런 이치를 비즈니스에도 그대로 사용하면 된다. 이것이야말로 '억만장자의 커닝페이퍼' 발상이다. 상세한 것은 앞으로도 설명하겠지만, 여기서는 억만장자가 되기 위한 공부의 최초의 목적은 좋고 나쁜 것을 구분하는 것이라는 사실을 머릿속에 넣어 두시길 바란다.

우리들이 목표로 하는
진짜 억만장자의 세 가지 조건

세상에는 여러 가지 타입의 억만장자가 있다. 세계에는 석유와 금이라는 자원으로 한 번에 큰 부자가 된 사람도 있고, 로스차일드가家와 같이 대대로 자산을 물려받아 사업을 더 발전시켜가고 있는 억만장자도 있다. 일본에도 세습을 받아 억만장자가 된 이도 있고, 차곡차곡 쌓아서 억만장자가 된 이도 있다.

그러나 이 중에서 유산이나 가문, 혹은 재벌 기업이라는 한계를 넘어선 자유로운 억만장자는 얼마나 될까? 히라가 볼 때, 자유로운 억만장자들은 억만장자들 중에서도 3% 이하가 될 것이라고 생각하고 있다. 히라는 할 수 있다면 단순한 억만장자가 아니라 소수파인 자유로운 억만장자를 목표로 하는 것이 좋지 않을까 생각을 하고 있다. 어렵사리 억만장자가 되었는데도 자유롭지 못하다면, 무엇 때문에 열심히 살았는지 자신도 이해하지 못하게 될 것이 분명하기 때문이다. 히라는 경제 현장에서 이제까지 많은 억만장자를 만나왔지만, 그 중에서 자유롭지 못한 억만장자가 너무나도 많다는 것을 느꼈다고 한다.

개중에는 시간에서도 일체 자유롭지 못하고, 하루종일 쉬지 못하고 죽어라고 일만 하는 사람도 많았다. 이것은 샐러리맨에서 올라와 사장과 회장이 된 억만장자에게서 주로 발견되는 패턴이다.

사실은 누구라도 자유로운 억만장자가 되고 싶을 것이다. 그 때문에 히라는 많은 억만장자들로부터 부러움을 받고 있다. 이런 이유로 우리 필자들은 억만장자가 되기 위한 성공 방법 중에서도 '억만장자의 커닝페이퍼'라는 이 특별한 노하우를 추천하는 것이다.

부자, 특히 억만장자가 되려면 어떤 방법이 있을까? 예를 들면 샐러리맨이 임원과 사장으로 승진해서 억만장자가 되는 방법도 있다.

그런 길을 목표로 하고 싶은 사람에게 이런 '억만장자의 커닝페이퍼' 라는 방법은 그다지 도움이 되지 않을지도 모른다. 그들은 평범한 석세스 스토리를 읽거나 자신들이 본받을만한 사람이 되기 위해서 좋은 비즈니스 서적을 읽는 편이 나을 것이다.

그러나 우리들이 되고 싶은 억만장자는 이것과는 사뭇 다르다. 여기서 히라와 하야시가 동경하고 목표로 해온 억만장자의 모습을 확실히 해 두자.

우리 필자들이 목표로 하는 억만장자는 다음 세 가지 조건을 만족시켜야 하는 것이다.

첫째, 자유로울 것.

둘째, 즐거울 것.

셋째, 인생을 컨트롤 할 수 있을 것.

이 중 앞의 두 가지는 문자 그대로의 의미다. 설명이 필요하지 않다. 하지만 세 번째의 인생을 컨트롤 할 수 있어야 한다는 것은 조금 이해하기 어려울 수도 있다. 사실 인생의 컨트롤이야말로 앞의 두 가지를 포함하는 것이므로 제일 근본적인 문제라고 할 수 있다.

여기서 컨트롤과 자유는 조금 다르다고 볼 수 있다. 인생을 컨트롤 할 수 없으면 자유롭지 못한 것이 아닐까?

돈을 모으고 싶으면 모으면 되고, 또 돈이 필요하지 않다고 생각하면 돈 벌기를 그만둘 수도 있다. 이런 것이 전형적인 자유로움이다.

일 년간 바캉스를 떠나고 싶다고 생각하면 갈 수도 있고, 3개월에 1억 엔을 벌고 싶다면 그것도 가능하다.

이렇게 되어야 컨트롤이라고 말할 수 있는 것이다. 요컨대 무엇을 하더라도 자유롭게 할 수 있는 상태인 것이다.

결국 인생을 컨트롤 할 수 있으면, 자신이 원하는 라이프스타일을 살아갈 수 있는 것이다.

쉬고 싶을 때 쉴 수 있다. 이것이야말로 컨트롤 할 수 있다는 증거다. 누구라도 때로는 쉬고 싶을 것이다. "2주간 정도 실컷 쉬고 싶다!" 정상적인 사람이라면 어떤 일중독 사람이라도 때로 그렇게 생각할 수 있으며, 이 경우 휴식이 필요한 상황이기도 하다.

과연 그때 바로 쉴 수 있는가 아닌가? 이것이 컨트롤이 가능한가 그렇지 않은가의 가장 중요한 판단 기준이다.

예를 들어 사원이 있다면 그들을 위해서라도 필연적으로 조직을 크게 키워나가지 않으면 안 될 것이다. 사원을 길바닥에 내버려두지 않기 위해서라도 영업을 그만둘 수 없을 것이다. 만약 사내에 게으름 피우는 질 떨어지는 사원이 있으면 그를 감시하기 위해서라도 늘 긴장하고 회사에 붙어 있어야만 한다. 이거야말로 부자유스러운 상태가 아닌가.

돈만 모으는 것만 생각한다면 회사를 사고팔거나 정리해 버리는 것은 쉬울 수도 있다. 하지만 경영자가 된다는 것은 책임감을 갖고 있어야 하고 잘못하면 다른 사람에게 한을 맺히게 할 수도 있는 것이다. 또 경영자라면 누구나 사원들로부터 혐오의 대상이 되기도 싫을 것이고 오히려 존경받고 싶을 것이 아닌가. 하지만 그런 것은 정말 어려운 것이다. 그래서 생각보다 인생을 컨트롤하는 것이 실제로는 잘 되지 않는 상태가 늘 존재하는 것이다.

히라가 일반적인 공부법을 통해 억만장자가 되려는 것을 싫어하는 이유는 자기 스스로 자유로움을 보장받을 수 없다는 점 때문이다. 여

기에 더 큰 이유는 일과 자유로움을 내 마음대로 컨트롤 할 수 없다
는 단점이 있기 때문이었다.

늘 공부를 계속 하도록 강요당하는 것, 회사를 계속 다녀야 한다는
것, 사무실에 있어야 한다는 것을 강요당할 수밖에 없는 것 아닌가.
그러니 아무리 좋아하는 것이라도 강요를 당하면 어느새 싫어지게
되지 않을까?

그러면 어떻게 하면 좋을까? 평범한 사람이 부를 쌓아 '인생을 컨
트롤 할 수 있는 억만장자'가 되려면 어떻게 하면 좋겠는가?

답은 간단하다. 자기 혼자서 억만장자가 되면 되는 것이다. 누구에
게도 의존하지 않는 스타일로 억만장자가 되면 좋은 것이다.

우리 대다수는 열 명이나 이십 명의 사원을 고용하는 방법으로 억
만장자가 되려 하기 때문에 잘 안 되는 것이다. 우수한 파트너에게
의뢰하는 형태로 독립하기 때문에 불가능한 것이다.

이런 형태는 결론적으로 이야기 하자면 자신 이외의 모든 것은 컨
트롤 할 수 없다는 데 가장 큰 문제가 있다.

컨트롤 할 수 없는 것에 의존하여 뭔가를 하려 하기 때문에 실패하

는 것이고 언제나 갑자기 컨트롤이 불가능해질까 봐 마음이 불편해
지고 노심초사 하게 되는 것이다.

사원이 없어도 혼자서 억만장자가 되어 보라. 진정한 억만장자의
길은 처음에 그렇게 결심하는 데서 시작되는 것이다.

진정한 억만장자는
홀로서기에서 시작된다

자유로운 억만장자가 되려는 사람은 과감하게 모든 것을 혼자서 시작해야 한다. 신규 사업을 창업하는 경우에도 마찬가지이다. 그리고 그러는 중에 너무 바빠져서 도저히 어쩔 수 없게 되고 잠잘 시간이 서너 시간 정도로 줄어들게 되어 석 달 정도 지날 즈음이 되었을 때, 그 때가서 겨우 한 명의 아르바이트를 고용하고 잡무를 시키기 시작해야 한다. 회사가 잘 되고 일이 더 늘어나게 되면 거기에 맞춰 점점 일용직 아르바이트를 늘려가는 것이다.

그리고 아르바이트생으로 버티고 버텨도 어쩔 수 없게 되는 시점에 이르면 그 때서야 사원 한 사람을 고용하는 것이다.

그 사원도 구인광고를 내서 모집하는 것이 아니다. 평소에 안면이 있고 알고 지내는 사람을 스카웃하여 고용한다. 정말 자연스럽고 편하지 않은가.

이것이 제일 안전하고 확실하며 진정한 억만장자가 되어가는 방법이다. 예를 들어 히라가 사장으로 근무하는 건축회사 L하우스로 말하자면, 히라는 현장감독에서부터 건축설계, 영업, 목수일까지 무슨 일이든 할 수 있다. 따라서 사원이 언제 그만둬도 곤란을 당하는 일이 없다.

그 때문에 사원들의 눈치를 보는 일은 일체 없다. 언제든지 사원이 그만둬도 병으로 출근하지 못해도 특별한 문제가 없다고 자신한다. 이렇게 자신할 수 있게 되면, 사원의 눈치를 보거나 그에게 아부할 필요도 없다. 게으름을 피는 사원, 사장의 험담을 하는 사원은 좀 유능하더라도 바로 내보낼 수가 있다.

정신 건강상 얼마나 행복한가. 물론 사원을 손님처럼 대접한다거나 고자세로 대할 필요도 없다.

컨설팅 회사인 인프로빅에 있어서는 하야시가 똑같은 상태다. 모두 하야시가 혼자 할 수 있다.

실제로 15억 엔의 매출을 올린 해에 이 회사에서 근무하고 있던 유일한 정식사원은 하야시 뿐이었다.

하야시는 메일 발송에서부터 세미나 운용, 세미나 강사, 해외 세미나의 운용에 이르기까지 인프로빅의 업무는 모두 처리할 수 있는 사람이다.

여기서 가장 한 가지 중요한 것을 짚어 보자.

히라는 수퍼 영업맨일까? 결코 그렇지 않다. 가까운 자동차 영업 대리점에 가보면 히라 이상으로 우수한 영업맨을 많이 만날 수 있다. 하야시를 봐도 마찬가지다. 그 이상으로 프로처럼 세미나를 진행할 수 있는 사람은 태산처럼 넘쳐 난다.

우리들은 스페셜리스트가 아니다.

단, 우리들처럼 '모든 것을 할 수 있는' 사람이 거의 없을 뿐이다.

대개 보통사람들은 혼자서 모든 것을 할 수 있다는 것을 상상조차

할 수 없을 것이다.

할 일도 엄청 많은데 그런 것을 다 하려면 지금보다 열 배 시간이 걸릴 거야라고 생각할 것임에 틀림이 없다. 하지만 이것이야말로 상식의 함정이다.

'억만장자의 커닝페이퍼'를 만들면, 단시간에 모든 것을 마스터할 수 있다. 모든 업무를 스스로 혼자서 처리할 수 있게 되는 것이다. 거짓말이 아니다. 실제로 히라도 하야시도 이런 방식으로 비즈니스를 접하면서 계속하여 이익을 창출해 나가고 신규사업이라도 혼자서 적응해 나가고 있는 것이다.

이 '억만장자의 커닝페이퍼'에 대해서 이 책 후반부에 완전히 해석하겠지만, 우선 이미지를 떠올리게 해드리기 위해서 실제로 사용하고 있는 커닝페이퍼 일부를 보여드리려고 한다. 다음 페이지와 그 다음 페이지에 나오는 그림이 바로 그것이다.

정말 심플하지 않은가.

Leading Marketing Experts

[1]
Jimmy D Brown(Net marketing/Copywriting)
http://www.123webmarketing.com/

[2]
Joe Vitale(Copywriting/Self-help/Spiritual/New Age instruction)
http://www.mrfire.com

[3]
Mark Hendricks(Net Marketing/Copywriting)
http://www.hunteridge.com

[4]
Bryan Winters(Net Marketing)
http://www.pushbuttonpublishing.com/

[5]
Derek Gehl(Net Marketing/Self-help/Motivational Speaking)
http://www.marketingtips.com/

[6]
Alex Mandossian(Net Marketing/TV and Radio Marketing)
http://www.marketingwithpostcards.com/

[7]
Brian Keith Voiles(Copywriting)
http://www.briankeithkillercopyclinic.com/

[8]
Willie Crawford(Net Marketing/Publishing)
http://www.williecrawford.com/

[9]
Dr.Ralph Wilson(Net Marketing)
http://www.wilsonweb.com/

Leading Marketing Experts

[10]
Neil Shearing(Net Marketing)
http://www.scamfreezone.com/

[11]
Kevin Wilke & Matt Gill(Direct Marketing/Net Marketing)
http://www.nitromarketing.com

[12]
Marlon Sanders(Net Advertising)
http://www.amazingformula.com

[13]
Alexandria K. Brown(Copywriting/Publishing)
http://www.ezinequeen.com/

[14]
Harvey Segal(Net Marketing)
http://www.supertips.com/

[15]
Perry Marshall(Net Marketing)
http://perrymarshall.com/

[16]
Dr Kevin Nunley(Net Marketing/Advertising)
http://www.drnunley.com/

[17]
John Carlton(Net Marketing)
http://www.marketingrebelrant.com/

[18]
Jonathan Mizel(Net Marketing)
http://www.cyberwave.com/

노력이 100% 성과로
이어지는 노하우

여기서 한 가지 주의를 환기시키고 싶은 것이 있다. 우리들은 즐겁게 돈을 벌 수 있는 방법을 이야기 할 작정은 아니라는 것이다. 마치 도심의 중심 번화가에 넘쳐흐르는 "즐겁게 백만 원을 버는 방법을 알려드립니다!"라든가 "간단하게 부자가 되는 방법을 확인하세요" 라는 식의 광고 선전물 같은 노하우를 제공하려는 것이 아니란 말이다.

그러면 우리들이 제공할 수 있는 노하우는 도대체 어떤 것일까?

'억만장자의 커닝페이퍼'의 특징을 말하자면, 노력이 100% 성과로 이어지는 노하우다. 결과적으로 노력이 100% 성과로 이어지지 않는 일은 절대 없다. 쉽게 말하면, 목표를 향해 일직선으로 쭉 달려 가서 억만장자가 된다는 것이다.

즐겁고 편하게 백만 엔을 버는 노하우를 가진 사람의 문제점은 만 에 하나 그 사람의 방식대로 성공한다 해도 그는 평생 백만 엔 밖에 벌 수 없게 되어 버린다. 왜 그럴까? 그것은 일반적으로 억만장자가 되는 방법과 편하게 백만 엔을 버는 방법은 완전히 다르기 때문이다. 별세계의 이야기인 것이다.

이것은 샐러리맨으로서 성공하는 방법과 등산가로서 성공하는 방 법의 차이만큼이나 다르다는 말이다. 만일 등산을 예로 들자면, 3천 미터급 산과 100미터급 산을 오른 것과 같이 완전히 서로 다른 차원 의 이야기인 것이다.

비록 100미터 높이의 산 정상에 올랐다 해도 다음에 3천미터 높이 의 산을 목표로 한다면, 그 사람은 그날 100미터를 올랐던 산을 다시 내려가야 하기 때문이다.

이 장의 처음에서 공룡의 전멸을 이야기한 적이 있는데, 사람은 한 번 100미터 산에 오르면 거기서부터 내려가는 것은 절대 쉽지 않다.

이 말이 어렵게 느껴지는가? 그렇다면 텔레비전 프로의 퀴즈쇼 같은 것을 생각해 보기 바란다. 일정액을 따낸 도전자가 도전을 계속하면 천만 엔을 손에 넣을 수 있을지도 모른다. 하지만 답이 틀리면 백만 엔으로 뚝 떨어진다.

새 문제에 도전하지 않으면 500만 엔은 벌 수 있는데 도전하려고 하다가 실패하기 때문에 백만 엔밖에 벌지 못하는 것이다.

여러분이라면 그럴 때 어떻게 할 것인가. 텔레비전 퀴즈세계에서는 그래도 천만 엔을 벌겠다고 도전하는 사람이 꽤 많겠지만, 만약 현실로 와서 같은 도전을 해야 하는 상황이라면 90% 이상은 도전하지 않고, 500만 엔을 손에 넣는 편을 선택할 것이다. 결국 쉬운 방법으로 돈을 벌겠다는 사람은 평소의 쉬운 방법대로 억만장자가 되려고 시도하게 되는 것이다. 사람이란 편하고 쉬운 것을 좇아가는 경향이 많기 때문이다. 따라서 평생 억만장자는 불가능하게 되는 것이다.

물론 그렇게 편하게 살려는 것 자체가 옳다거나 그르다거나를 말하려는 것이 아니다. 단지 사람들은 억만장자가 되려고 죽어라고 노력하게 되지는 않을 것이라는 말이다.

이 책을 구입해 읽고 있는 독자 여러분은 틀림없이 억만장자가 되고 싶다고 생각하고 있을 것이다.

앞에서 언급한 사람들처럼 중도에 목표의 반쯤 되는 금액으로 만족하고 반쯤 되는 능력에 만족하고 성장을 스톱해버리지는 않을 것이다. 기업인은 죽을 때까지 성장을 계속하여 부를 계속 쌓아나가며, 자신이 살아온 의미를 발견하고 싶어 한다. 때문에 잘못하면 범할 수 있는 문제점을 필자들은 지적해두고 싶은 것이다.

쉬운 방법에 한 번 발을 들여놓으면, 거기는 밑바닥이 없는 늪과 같다. 일생 빠져나올 수도 없는 것이다.

뜻이 높은 사람은 자기가 원하는 목표를 높이 두고 쉬운 방법을 쫓아가는 일은 없어야 한다.

정말 억만장자가
되고 싶기는 한가?

히라는 이렇게 생각한다. 그런 식으로 쉽게 돈을 벌고 싶다고 생각하는 사람은 애당초 억만장자가 되고 싶은 사람이 아니라는 것이다. 앞에서도 언급했지만 히라의 마케팅 교재를 산 사람 가운데 성공할 수 있는 사람은 겨우 5%다. 이것이 솔직한 현실이다.

사실 히라와 하야시가 추구하고 있는 목표는 이것을 100%까지 높이려는 것은 아니다. 10%라도 되도록 하자는 것이 우선의 목표이다.

억만장자가 정말 되고 싶은 사람에게 억만장자를 만들어 주자는 것이다. 그것이 '억만장자의 커닝페이퍼' 의 역할이다.

그렇다면 여러분은 우리에게 질문할 것이다.

"남은 90% 사람을 억만장자로 만들려는 것은 처음부터 생각지도 않고 있다는 말인가?"

그렇다. 단언컨대, 우리들은 그런 생각을 한 적도 없다. 왜냐하면, 그들은 사실 억만장자가 되고 싶지 않기 때문이다.

처음부터 히라는 작은 돈을 버는 것에는 아예 관심이 없었다. 만약 그랬다면 비즈니스 서적을 산다든지 자기계발 테이프를 산다든지 하면서 다른 일에는 돈을 사용하지 않고, 저축만 하고 있어도 될 것이었다. 그는 애당초 용돈을 모은다든가 쉽게 백만 엔을 번다는 노하우에는 처음부터 흥미가 없었다. 자신의 한계까지 멋지게 돈을 번 프로페셔널 기업인으로서의 억만장자에 대해서만 동경을 계속해 온 것이다. 그것이 히라의 인생이고 목표였다.

때문에 독립 따위는 생각조차 하지 않았다. 그는 평생 독립을 목표로 한 적은 한 번도 없었다. 오로지 진짜 억만장자를 목표로 하여 어떻게 하면 그렇게 될 수 있을까만을 진정으로 생각하면서 실력을 쌓아왔을 뿐이다. 누군가에게 가르침을 받으려 한 적도 없고, 자신의 욕구를 솔직히 따라가며 자신만의 생존방식을 터득해 온 것이다.

그렇기 때문에 히라는 정말 억만장자가 되고 싶은지를 독자 여러분에게 심각하게 물어보는 것이다.

사람이 자신이 정말로 요구하고 있는 것을 목표로 하여 그것을 손에 넣을 수 있다면 행복해질 것이다. 만약 로또복권에 맞은 것 같이 뭔가 부자연스럽게 부를 쌓은 억만장자라면 오히려 많은 불행한 일들이 생겨나지 않겠는가.

히라 주변에는 연간 수입 삼백만 엔으로도 '여유와 쉼'의 세계를 즐기면서 유유자적한 생활을 보내는 사람도 있다. 그것을 마음으로부터 존경하고 있고 언제까지나 좋은 친구로 있고 싶다고 생각도 한다. 그런 삶을 부정하는 것도 아니다.

그러나 진정한 억만장자가 되고 싶다면 애초부터 목표가 달라야 함을 지적하려는 것이다.

만일 이 책을 읽고 있는 중에 자신이 정말로 목표로 하는 것이 억만장자가 아니라는 것을 알게 된다면, 지금 곧바로 책을 덮고 자신의 길을 다시 찾기를 간절히 바란다.

지명도 제로의 남자가
하루에 천만 엔을 벌다

2008년 3월 25일 하야시는 2년간의 미국생활을 마치고 귀국했다. 손에는 '억만장자의 커닝페이퍼'를 지니고 있었다. 하야시는 그것을 공개하기로 하고 히라에게 상담하러 갔다.

"사장님, 드디어 '억만장자의 커닝페이퍼' 프로그램을 완성했습니다. 회사의 노하우로 대대적으로 발매하시죠."

히라는 대답했다.

"그렇다면 우선 자네가 그것을 사용하여 압도적인 성과를 내는 편이 빠를 걸세. 그것으로 하루에 오백만 엔정도 벌어보게나. 잠시 나를 활용해도 좋으니까 말일세."

하야시는 히라의 이야기에 잠시 입을 다물었다. 생각해 보면 그는 확실히 지금까지 자신이 히라를 서포트하는 편이었지 독립하는 식으로 사업을 독자적으로 펼친 적은 없었다. 한 시간에 1억 엔의 매상을 올린 적도 있었다. 그러나 그것은 모두 히라가 전면에 나서 일하고 있을 때였다. 하야시는 이름 없이 후방에 머물러 있었을 뿐이었다. 고객에 대한 지명도도 거의 없고 책을 낸 적도 없었다. 더구나 어지간히 내성적인 성격이라 남들 앞에 나서는 것은 무리였다.

그러니 "나는 무리다. 나는 무리다."라는 말만 할 수밖에 없는 상황이었다. 그 때문에 히라의 제안이 나오자 자신은 불가능하다는 말만 하야시의 머릿속을 휘돌아 다녔다.

하야시는 "못 한다고 해야지."그렇게 말하려고 했다.

그런데 문제는 불가능이라는 표현은 가슴속에만 머물러 있고 정작 말로는 반대 이야기를 하게 되어버린 것이다.

"잘 알았습니다. 네. 이 '억만장자의 커닝페이퍼'를 활용하면 성공할 수 있습니다. 맡겨 주십시오."

정말 어처구니없이 그렇게 일이 진행되어 버렸다. 그러자 히라는 "어, 너무 간단한 거 아냐? 좋아. 그럼 하루 천만 엔으로 해 보지 뭐.

열심히 해 보게. 파이팅!" 그렇게 말하고 나가 버렸다.

하야시는 어안이 벙벙해졌다.

목표가 불과 몇 초만에 두 배가 되어 버린 것이다. 500만 엔이라면 어떻게라도 해 볼 텐데… 그러나 주사위는 던져졌다. 어쨌든 하야시는 도전을 시작할 수밖에 없는 상황이 되어버렸다.

2개월 후인 6월 1일, 일요일 아침 8시, 하야시는 전자상가가 즐비한 아키하바라秋葉原에 갔다. 안면은 창백하고 몇 번이나 토할 듯 한데다 사색이 되어 새파랗게 굳어버린 모습이었다. 그렇게 그날 하야시는 행사의 주역으로 임하는 첫 세미나의 날을 시작했다.

세미나의 타이틀은 '억만장자의 정보원情報源◆- 최강의 커닝페이퍼' 였다. 참가 비용은 1인당 9만9천700엔.(우리 돈으로 130만 원에 해당하는 정말 비싼 세미나… .편집자주) 참석자에게는 적지 않은 부

註

◆ 여기서 정보원이라 함은 첩보원과 비슷한 의미로 쓰이는 정보원(情報員)과는 의미가 완전히 다르다. 情報員은 정보에 관한 일을 맡아 처리하는 사람이다. 그러나 필자들이 말하는 정보원(情報源은 '정보가 흘러나오는 근원' 을 말함이다. 우리말로 옮기기 적당한 말이 없어서 원문 그대로 표기하였다.(편집자 주)

담이 될 금액이었다.

그런데… 놀랍게도 이날 103명이나 그의 세미나에 참가했다.

하야시는 하루에 천만 엔을 벌겠다는 목표를 단번에 달성한 것이다. 하지만 하야시의 마음속 한구석에는 활활 불타올라야 할 불길이 오히려 꺼지려는 상태였다.

우선 10만 엔이라는 거금을 지불하고 많은 기대를 갖고 온 고객들이 부담이 되고 있었다.

고객들에게 세미나로 얻을 수 있는 효과에 대한 기대감을 부채질하는 선전 문구들도 적잖은 부담이 되었다.

> 여러분!! 억만장자의 정보원을 손에 넣으면
> - 특별히 아무것도 하지 않고도 자연스레 최신 마케팅을 습득할 수 있습니다.
> - 특별히 아무것도 하지 않아도 자연스레 히트 상품을 만들 수 있습니다.
> - 특별히 아무것도 하지 않아도 자연스레 잘 팔리는 광고 카피를 만들 수 있습니다.
> - 특별히 무엇을 하지 않아도 자연스레 억만장자로 성공할 수 있습니다.

거짓말을 절대 허락하지 않을 것 같은 표정으로 세미나장에 도착해 있던 고객들의 예리한 시선들은 오히려 공포스러웠다.

이런 모든 것들이 하야시를 압박하기 시작했던 것이다.

물론 거짓말이나 과장은 일체 하지 않을 작정이었다. 자신이 세미나에서 선보이는 노하우가 진짜라는 확신은 물론 있었다. 하지만 치밀어 오르는 긴장감은 어쩔 수가 없었던 것이다. 그런데 그런 긴장감을 날려 보내 준 것이 히라였다. 히라는 하야시의 세미나 시작 전에 스스로 나가 30분 정도를 먼저 강연을 맡았다. 세미나장을 웃기게 하기도 하고 하야시의 과거를 재미있게 이야기 해주어서 하야시가 이야기하기 쉬운 분위기를 만들어 주었던 것이다.

억만장자 히라 히데노부가 그렇게 세미나를 뒷받침해주어서 세미나장의 분위기는 다행히 훨씬 나아졌다. 하야시는 용기를 내서 아랫배에 힘을 주고 있는 힘을 다해 '억만장자의 커닝페이퍼'에 대해 열강하기 시작했다. 그리고 곧 세미나장은 감동의 물결에 휩싸였다.

세미나가 끝난 뒤 조사한 앙케이트에 따르면 10만 엔을 지불한 참가자의 90% 이상이 이 세미나를 5점 평점(매우 좋았다 – 좋았다 – 보통이었다 – 약간 나빴다 – 엉망이었다)의 톱TOP인 '매우 좋았다'는 평가를 해 주었다.

하야시의 도전은 목표금액 달성이라는 의미에서도 의미가 있었지만, 참석한 고객들을 만족시켜서 5%였던 성공자를 10%로 끌어올린다는 목표도 달성하게 되었다.

그 후 하야시는 세미나를 수록한 DVD 동영상을 4만9천800엔에 판매하였는데, 1주간의 한정 판매에 한정 세트 5백 개를 다 팔아치우는 베스트셀러 행진을 보였다. 더구나 고무적이고 기쁜 것은 많은 고객들로부터 이 '억만장자의 커닝페이퍼' 프로그램을 사용하여 사업이 성공했다는 평가를 계속 받게 되었다는 것이다.

지금도 이 프로그램은 현재 진행형이다. 고객의 목소리와 요망을 담아 넣어 계속 진화해 가는 형태인 것이다.

제1장에 대한 설명은 여기까지다. 마지막으로 그런 고객들이 필자들에게 보내준 기쁜 응답들을 소개하며 이 장을 마무리하려 한다.

제2장부터는 구체적으로 '억만장자의 커닝페이퍼' 프로그램에 대해' 설명하기로 한다.

고객의 평가

기술적인 고난 뿐아니라 정신적인 고통까지 말끔히 해결해 주었습니다.

저는 전철도 다니지 않는 시골 산중에 살고 있습니다. 제 이야기를 믿으실지 모르겠지만, 어떻게 해서라도 제 이야기를 전하고 싶은 마음이 있어서 글을 쓰게 되었습니다. 저는 수년 전에 과로로 쓰러져서 그대로 병원에 실려 갔습니다. 한 번이아니라 한 해 두 번이나 병원에 실려가 모두 스물여섯 시간에 걸쳐 수술을 받을 정도로 심각한 상태였습니다. 그리고 제 인생이 나락으로 떨어졌습니다. 그런데 이 책을 읽고 제 삶이 달라졌습니다. 이 책을 통해 절망을 극복하고 난 관을 돌파할 수 있는 계기를… (중략)

수많은 인프로빅의 교재 중에서 발군이었습니다.

'억만장자의 정보원' 과 만나서 지금까지 무의식적으로 생각하고 있던 것을 언어로 바꿀 수 있었습니다. 나는 수년 전에 사업을 창업하여 월 매출 1억 2천만 엔 규모로 성장시켜 왔습니다. 사업하는데 참고가 되지 않을까 생각하여 인프로빅이 판매하고 있던 교재 대부분을 구입했습니다. 훌륭한 교재 덕분에 사업을 성공시킬 수 있었지만, 그와 함께 인프로빅은 이런 정보의 비밀을 어디서부터 가지고 온 것인지 대단히 궁금하게 생각하고 있었습니다.

그 비밀을 이 프로그램을 접하고는 비로소 알게 되었습니다. 네 가지 정보 원이라는 형태로 구체적으로 공개해 주었기 때문이었습니다.

특히 참고가 된 것이… (중략)

제2장 마인드편

억만장자가 되기 위해
정보를 흡수하라

● 본래 억만장자가 되기 위한 길은 즐기면서 할 수 있는 것이다. 큰 돈을 벌기 시작한 그 순간뿐 아니라 그 과정도 즐거울 수밖에 없어야 한다. 다른 사람이 중요하다고 생각하고 있는 정보를 97% 커트하고, 오로지 자신의 꿈을 실현하기 위해 몸을 가볍게 하고 목표를 향해 달려나가는 것이 중요하다. 만약에 당신이 그렇게만 할 수 있다면 즐거워질 것이라고 생각하지 않는가.

당장 공부를 그만 두고 97%의 정보를 버려라

이제까지 '억만장자의 커닝페이퍼'를 만들어야 할 중요성을 이야기해 왔다. 진실로 억만장자를 목표로 하고 있다면 쉬운 방법을 택해선 안 된다. 좁은 문으로 들어가는 것이 성공의 지름길이다. 필자들은 정말 그렇게 하는 것이 억만장자가 되는 방법인지를 확고히 할 필요가 있다고 설명해 왔다.

이제 상세한 이야기를 전개해 보기로 하자.

'억만장자의 커닝페이퍼'를 만들기 위해 우선 처음에 반드시 해야 할 일이 있다. 그것은 정보원情報源을 만드는 것이다. 여기서 정보원이라 함은 억만장자가 되기 위한 정보원, 돈을 벌기 위한 정보원을 일컬음이다.

이렇게 이야기를 꺼내면 여러분은 어떤 것을 떠올릴 것인가.

- 신문 지면을 매일 샅샅이 읽어야만 할 것인가.
- 매일 출간되는 비즈니스 서적을 속독이라도 마스터하여 깐깐하게 읽어야 할 것인가.
- 매일 대담 CD와 자기계발 CD를 듣고 늘 공부해야만 하는가.
- 이상한 정보원들로부터 출처도 잘 모르는 정보들을 모아 들여 매일 읽어야 할 것인가.

이런 식의 생각을 떠올리는 사람이 많지 않을까?

우선 여기서 정보라는 것에 대해 좀더 구체적으로 이야기를 진행 보기로 하자.

히라는 과거 어떤 시기에 신문, 잡지, 서적 등의 모든 미디어, 종이 매체와 TV로부터 흘러나오는 정보를 대단히 중요시 한 적이 있었다.

그는 신문과 잡지 비즈니스 서적만을 오로지 열심히 읽어 왔다. 그러나 히라는 최종적으로 그런 행동들이 정말 쓸데없는 일임을 알게 되었다.

아직 '억만장자의 커닝페이퍼'를 만들기 2년 전이었는데, 히라는 그 때 그것을 눈치챘던 것이다. 히라는 그 끔찍한 기분을 자신의 고객에게 알리고 싶어서 "TV를 꺼버려"라는 타이틀로 편지를 보냈다. 다음이 그 편지의 전문이다.

고객님, 제가 머리가 깨질 것 같아서 도저히 참을 수 없어 정직하게 말씀드리고 싶은데 괜찮겠죠? 그럼 양해해 주시리라 믿고 말씀드리겠습니다.

"지금 당장 TV 보는 것을 그만 두십시오."

휴우~~~ 이제 상쾌해졌습니다. (이 말을 하고 나니 말이죠)

최근에 계속해서 이 문제를 생각하고 있었습니다. 왜 우리는 목표를 이미 달성한 사람과 아무리 시간이 지나도 달성할 수 없는 사람, 뇌를 들쑤셔가며 노력해도 한 발자국도 앞으로 나갈 수 없는 사람으로 갈라지게 되는 것일까요?

마케팅 교재를 사서 열심히 공부하는 사람은 많이 있습니다. 성공 법칙에 관한 책을 많이 사서 매일 빠뜨리지 않고 읽는 사람도 있습니다. 공부한 것을 실제로 행동으로 옮겨 실천하고, 전형적으로 노력하는 사람도 세상에는 얼마든지 있습니다.

그러나 어찌된 연유인지 실제로 목표를 달성할 수 있는 사람은 지구상에서 극히 일부분에 불과하지 않습니까? 저를 예로 들어볼까요.

저 자신은 불과 5년 전까지 연 수입 5백만 엔(손에 쥐는 것은 더 적습니다) 정도였습니다. 샐러리맨을 20년간 계속해서 현장 감독이라는 직위와 마흔 살이라는 나이로 연봉 5백만 엔이라는 것은 적은 편이라고 생각하게 되었습니다. 물론 학력에서나 타고난 영업적인 재능과 사람과 이야기하는 것이 장점이라고 생각할 만한 특기도 없었다고 생각합니다.

그러나 저는 옛날부터 책은 정말 많이 읽어 왔습니다.

제 와이프에게 이야기를 듣고 알게 된 것이지만 책과 교재는 한시도 떨어지지 않고 읽으며 공부해 왔다고 할 수 있습니다.

마케팅도 세일즈도 매일 공부하고 있었으므로 누구보다 많이 알고 있었습니다. 기억하고 있는 지식을 실제로 근무하고 있던 회사에서 사용하고 실천한 적도 있었는데, 그럼에도 불구하고 연봉에 변화는 없었습니다. 아무리 또 아무리 공부하고 실천해도 결과가 나오지 않았던 것입니다.

그리고 5년 전에 당시 근무하고 있던 회사를 사직하고 독립하여 여러 가지 분야에서 많은 것들을 배우고 마케팅 테크닉 등을 실천해 왔지만 그 역시 결과는 신통치 않았습니다.

그러나 어느 날을 기점으로 점점 고객들이 모여들게 되었고, 그것이 시너지 효과를 내면서 수입이 놀랄만큼 오르기 시작했습니다. (지금은 연 수익이 수억 엔이 되었습니다)

결국 어느 날을 기점으로 어떤 계기를 맞아 모든 것이 변하기 시작했던 것입니다. 그것은 어떤 계기였을까요

……

사실은 TV를 보는 것을 그만 둔 날부터 모든 것이 변하기 시작한 것입니다. 왜 TV를 보면 연매출이 오르지 않는 것일까요? 저는 이것을 조사하기 위해 미국의 성공 법칙에 관한 책, 심리학 서적들 외에 관련 인문 서적들을 이것저것 닥치는 대로 연구해 보았습니다. 그리고 그 이유를 점점 깨닫게 되었습니다.

아~ TV를 보는 시간에 '업무, 연구, 독서, 실천을 하게 되면 수입이 오르는 것 아닌가요' 라고 말하는 분들이 있지만 그것은 절대 아닙니다.

솔직히 말하면 나는 수년 전 TV를 보고 있던 때나 지금이나 똑같은 양, 혹은 그 이상의 시간을 연구와 독서와 실천에 쓰고 있습니다. 현재와 같은 양의 연구시간, 실천시간을 쏟아 붓고 있는데, TV를 보다가 보지 않게 되고 나서부터는 수입이 70배 이상의 차가 생겨 버린것입니다. 왜 그럴까요? TV는 타임킬러이기 때문입니다.

왜 TV가 수입에 악영향을 주는 것일까요. 문제는 TV에만 있는 것이 아닙니다. 구체적으로 말하자면 발신하고 있는 '정보의 질'에 문제가 있는 것입니다.

항간의 많은 사람들은 정보를 얻으면 얻을수록 아이디어가 늘어나고 수입이 늘어날 것이라고 착각하고 있습니다만 결코 그렇지 않습니다. 또 책을 속독으로 많이 읽으면 점점 여러 가지 지식을 얻을 수 있다고 착각하고 있는데 그것도 그렇지 않습니다.

사실 정말 억 단위의 수입을 얻고 있는 사람들은 정보를 얻는 것보다 정보를 얻지 않는 편에 노력을 기울이고 있는 것입니다. 연봉이 높아지면 높아질수록 정보를 커트하려고 노력하고 있습니다.

사람이 정보를 받아들일 때면 비록 그것이 좋은 정보이든 나쁜 정보이든 간에 모두 같은 프로세서로 소화해버립니다. '나쁜 정보니까 필요 없어' '좋은 정보니까 기억해 두자' 라고 뇌가 판단해 주지 않는다는 것입니다. 어떤 종류의 정보라도 그것을 얻는 순간부터 뇌에는 일정한 영향을 미치고 있다는 의미입니다.

비록 그것이 틀린 정보라 하더라도 뇌는 그것을 알아차리지 못하고 100% 받아들이고 맙니다. 여러분의 의사와 관계없이 뇌는 그 정보들을 흡수하고 흡수된 정보는 당신의 행동자체에 변화를 일으키고 있는 것입니다.

나는 의학박사가 아니고 의학 이야기를 하려는 것도 아닙니다. 간단히 생각해 보십시오. 먹거리는 그것이 좋은 것이든 나쁜 것이든 어느 정도 소화 흡수되면 당신의 몸에 어떤 형태로든 영향을 미치는 것이 아닙니까. 제가 드리는 말씀을 이해하시겠지요?

건강한 사람을 관찰해보면 그들은 '좋은 음식을 점점 더 먹으려고 노력하는 사람들'이라기보다 '나쁜 음식물을 먹지 않으려고 노력하고 피하려고 노력하는 사람들'이라는 것을 알 수가 있습니다.

나쁜 음식물을 흡수하는 것을 스톱하는 쪽이 100배 효과적이라는 말씀입니다.

아무리 건강한 음식을 많이 먹어도 그와 동시에 담배를 하루에 5개피 피우고, 맥주를 10잔 마시고, 기름기 있는 음식을 마구마구 먹어치운다면 아무 의미 없는 일이겠지요. 정보도 그와 똑같다고 생각하면 됩니다.

"책을 많이 읽고 공부하면 수입이 늘어나겠죠"라고 생각하는 사람이 상당히 많지만, 이런 생각이라면 아무리 시간이 흘러도 억대의 수입으로 이어질 것 같지 않다는 것이 제 생각입니다.

담배가 몸에 해로운 것을 알고 있는 사람은 정말 많습니다. 아니 모르는 사람은 없다고 생각합니다. 그러나 왜 피우고 있는 것일까요? 이 점을 거꾸로 생각해 보면 건강이든 수입이든 두 가지 문제에 대해 커다란 깨달음이 생기지 않습니까?

건강음료를 마시기 전에 현재 먹고 있는 나쁜 섭취물을 그만두는 것부터 시작하는 것이 효과적이라고 생각하지 않으십니까? 석세스 스토리를 읽고, 각종 성공서적을 내 것으로 받아들이기 전에 현재 받아들이고 있는 쓰레기더미 같은 정보를 스톱하는 편이 효과적이라는 말씀입니다. 그러나 도대체 어떻게 해야 뇌에 좋은 정보인지 나쁜 정보인지를 분간해 낼 수 있을까요?

다시 말해서 도대체 어떻게 하면 좋은 정보만을 흡수하고 연간 수입을 앞에서 본 건강과 같이 점점 향상시켜 갈 수 있을까요? 아직은 제게도 해답은 없습니다. 여러분도 함께 저랑 생각해 보시지 않겠습니까?

히라 히데노부 드림

수익으로 이어지는 정보만을 구분하는 방법

과연 어떤가? 누구든지 정보는 많이 얻으려고 노력한다. 항간에 선보인 자기계발서들은 모두 그렇다. 그런데 이는 정보를 어떻게 하면 많이 얻을까에 독자를 집중시키고 있는 것이다.

사실은 세상에 흘러 다니는 정보의 97%를 지금 곧바로 집어던져 버리는 방법이 있다. 그 자세한 방법으로 스텝1에서 스텝3을 실천해 보기로 하자.

(한 때 초정리법이라는 책이 유행한 적이 있었다. 이것의 요지는 잘 버리는 것이다. 쏟아져 들어오는 정보의 대부분은 쓸데없는 것이니 잘 버리는 것 자체가 곧 성공하는 비결이라는 것이다.)

스텝1 최우선 목표를 억만장자로 한다

왜 이런 결심이 필요한가.

정보라는 것은 그 자체에 의미가 있는 것은 아니다. 당신의 목표에 따라 의미를 가질 뿐이다. 만약 독자 여러분이 잡학의 왕으로 불리고 싶다면 잡다한 정보가 당신에게 필요한 정보가 될 것이다. 만약 당신이 인간관계에 고민하고 있는 사람이라면 인간관계에 대한 정보가 당신에게 필요한 정보가 될 것이다. 그리고 만약 당신이 지금 바로 억만장자가 되고 싶다고 생각한다면 억만장자에 관한 정보가 당신에게 필요한 정보가 될 것이다. 결과적으로 그 밖의 남은 정보는 모두 불필요한 정보가 된다.

요컨대, 정보가 필요한지 필요하지 않은지는 당신의 목표에 따라 결정된다는 것이다.

따라서 억만장자가 되겠다는 꿈조차 꾸지 못하는 사람이라면 우선 1단계에서부터 걸리게 된다. 이 사람은 자신에게 쏟아진 정보를 커트할 능력조차 없는 사람인 것이다.

하지만 이 사람은 억만장자가 되겠다는 꿈을 버릴 수 없으므로 다량의 쓸데없는 정보를 잔뜩 껴안은 채로 무의미한 노력을 기울이고 있는 것이다.

이것은 정말 고통스러운 일이다. 100kg의 화물을 짊어지고 다니는 것이나 마찬가지다. 이는 맨손으로 가까운 곳을 산책하는 감각과는 정반대의 상태가 된다.

본래 억만장자가 되기 위한 길은 즐기면서 할 수 있는 것이다.

큰 돈을 벌기 시작한 그 순간뿐 아니라 그 과정도 즐거울 수밖에 없어야 한다.

다른 사람이 중요하다고 생각하고 있는 정보를 97% 커트하고, 오로지 자신의 꿈을 실현하기 위해 몸을 가볍게 하고 목표를 향해 달려나가는 것이 중요하다.

만약에 당신이 그렇게만 할 수 있다면 즐거워질 것이라고 생각하지 않는가. 여러분은 얼마든지 그런 상태에 이를 수 있다. 준비가 되었는가? 그렇다면 다음단계로 넘어가자.

스텝2 수입과 직결된 정보 이외에는 일체 읽지 않는다

정보라는 말에는 여러 가지 정의가 있을 수 있다. 예를 들어 사전에서 인용하면,

1. 사물, 사건 등의 내용 상태 또는 그 통지.

2. (information) 어떤 특정한 목적에 대해 적절한 판단을 내린다든지, 행동의 의사결정을 하기 위해 도움이 되는 자료와 지식.

3. 관찰이나 측정을 통하여 수집한 자료를 실제 문제에 도움이 될 수 있도록 정리한 지식. 또는 그 자료.

4. 〈군사〉일차적으로 수집한 첩보를 분석 · 평가하여 얻은 적의 실정에 관한 구체적인 소식이나 자료.

5. 〈컴퓨터〉어떤 자료나 소식을 통하여 얻는 지식이나 상태의 총량. 정보 원천에서 발생하며 구체적 양, 즉 정보량으로 측정할 수 있다. 자동화 부문이나 응용 언어학 분야에서도 쓰임.

이라고 나와 있다.

그러나 우리들이 모아야 할 정보는 이런 수준의 넓은 의미에서의 정보가 아니다. 우리들이 모아야 할 정보는 '수입과 직결된 정보' 이것뿐이다.

결국 지금 바로 독자 여러분이 돈을 버는 것과 직결되지 않은 정보는 반드시 모아야 할 정보는 아니라는 것이다.

정치 분야에서는 이런 일이 자주 일어난다. 정치에 관한 정보가 당신의 수입에 지금 직결된다고 보아야 하는가?

대개의 사람에 있어서는 그렇지 않다. 우리들에 있어서도 마찬가지다. 그렇다면 그런 정보를 굳이 알 필요가 있을까? 히라도 그리고 그의 스승도 억대의 돈을 벌게 해 준 카피라이터 X 씨도 정치적인 사건에 대해서는 전혀 모르고 사는 것이다.

카피라이터 X 씨는 미국인이지만 지금 대통령의 이름도 모를 수 있다. 그래도 관계없다는 것이다.

그러나 돈을 모으는 것과 수입에 직결되는 것만으로는 충분하지 않다.

'계속해서 수입으로 이어지는 정보가 진짜 정보인 것이다.'

돈을 모으면 모을수록 확실히 수입이 커지고 기업인으로서의 당신과 한 인간으로서의 당신을 레벨업 해주는 것, 그것이 이 글에서 정의하는 정보의 정의다.

그렇다면 과연 그런 정보가 있기나 한 것일까?

독자 여러분은 그런 의문을 가질지 모르지만 확실히 있다.

히라는 그런 정보만을 수집하는 정보원情報源을 만들어 지금에 이르렀는데 5년 전 연간 매출은 약 1억 엔 정도였다. 그랬던 것이 정보원을 모으기 시작하자 3억 엔이 되고 더 모으자 5억 엔이 되고 그리고 더 모으자 10억 엔이 되었다. 밑바닥에서부터 하나씩 긁어모아 결국 인프로빅의 연간 매상은 15억 엔이 되었다.

우리들이 정의 내린 정보를 모으면 모을수록 욱일승천旭日昇天 수입이 올라가는 것이다.

보다 더 상세하게 설명하기 위해 우선 '진짜 정보라는 것은 이런 것이다' 라는 이미지를 가져보도록 요청한다.

스텝3 나쁜 정보를 절대로 머리에 넣지 않도록 주의한다

필자 히라에게는 친구가 별로 없다. 이런 말을 대외적으로 이야기하는 억만장자는 별로 없을지 모르겠지만, 사실 히라에게 친구는 거의 없다. 스승인 미스터 X도 친구가 별로 없다.

물론 친구가 없다고만은 할 수가 없다. 친한 친구도 있고 소울메이트도 있다. 그런데 왜 친구가 별로 없다는 것일까.

왜냐하면, 히라의 삶의 방식에는 철저하게 마음에 새겨두고 실천하려는 것이 있기 때문이다. 그것은 나쁜 정보는 절대 들으려 하지 않는다는 것이다. 특히, 네거티브한 사고방식과 정보는 철두철미하게 배제하고 있다. 네거티브한 발상으로부터는 아무것도 얻을 것이 없을뿐더러 뇌를 확실하게 파괴하기 때문이다. 이것은 사실이다. 부정적인 정보는 막을 수가 없는 것이다.

오른쪽 귀로 듣고 왼쪽 귀로 흘려버리면 되지 않겠는가라고 말하는 사람도 있지만, 인간은 그런 식으로 적응하는 것이 불가능하게 되어 있다. 더 상세한 원리를 알고 싶은 분은 뇌에 관해 쓰여 있는 책들을 읽고 직접 확인해 보시기 바란다.

예를 들면 히라는 회의석상에서 누군가가 네거티브한 말을 한다면 그 즉시 자리에서 일어서버린다. 그것은 바보천치랑 이야기해도 똑같다.

보통 사람이라면 "예, 그렇군요"라고 적당히 맞장구를 친다든지 묵묵히 수긍하고 그 자리를 적당히 넘길지도 모른다. 그것이 어른스런 대응이라고 생각하기 때문일 것이다.

그러나 히라는 어른스럽지 못하다는 비판을 받는다 해도 자리에서 일어나 나가버린다. 가방을 놓고 나오기도 하고 지갑을 흘려버리면서까지 그 자리를 피해서 나가버리는 것이다. 가방과 지갑은 나중에 돌려받지만… 그래서 그에게는 친구가 없는 것이다.

히라가 왜 그렇게까지 하는 것일까? 네거티브한 정보 자체는 억만장자가 되려는 사람이 가장 받아들이지 않도록 조심해야 하는 것이기 때문이다.

모두가 정보를 입수하는데 열심히 매달리지만 정보를 거절하는데

애를 쓰는 사람은 거의 없다. 이 때문에 이 부분에서 양쪽의 압도적인 차이가 발생해 버린다.

정보라는 것은 전체의 97%가 도움이 되지 않는 네거티브한 것이라고 생각하는 편이 옳을 것이다. 그러니 그것을 잘라내는 일을 이제부터 시작해보자.

어떤 정보가 네거티브한 정보일까. 진위를 가려내는 것은 정말 어렵다. 사기꾼은 아무리해도 자신을 사기꾼으로 드러내지는 않는다. 이 때문에 마지막까지 이기는 패를 내는 사기꾼들이 끊임없이 줄을 잇고 있는 것이다.

옆에서 본다든지 뒤에서 냉정하게 살펴보면 이상하다는 기분이 들 수 있지만 그 속에 빠져 있는 사람은 사기꾼의 말을 100% 신뢰해 버리는 것이다.

그러면 피해를 당하지 않기 위해서는 어떻게 해야 할 것인가?

그렇다고 모든 정보를 일일이 확인하고 그것을 음미하다가는 오히려 어딘가에서 덫에 걸려버릴 것이다.

상대가 예상한대로 끌려 들어갈 수도 있다. 확신이 없다면 처음부터 발을 들여놓지 않는 것이 좋다.

정보도 이와 똑같다. 확실하게 네거티브한 것은 반드시 피하도록 한다. 어느 쪽인지 판별하기 어려운 것도 피해버린다. 결국 확실하게 좋다는 정보 이외에는 모두 버려버리라는 것이다.

그런데 그렇게 하면 내게는 거의 아무것도 남아 있지 않게 되는 것은 아닐까. 그런 염려를 하는 분도 계실 것이다. 그러나 염려하지 말라. 97%의 정보를 버려도 남은 3%만 있으면 정말 충분하다. 정신적으로도 너무나 쾌적해진다.

네거티브한 정보와 포지티브한 정보의 차이를 과연 알 수 있을까. 네거티브한 정보는 대개 자신 스스로는 움직이지 않고 수동적이 되어 있을 때에 다가온다. TV처럼 내 의사와 관계없이 제멋대로 귀에 들어오는 정보는 아주 위험하다.

거꾸로 포지티브한 정보는 스스로 움직일 때, 능동적일 때 얻을 수 있다. 어쨌든 나쁜 정보는 머리에 넣지 않는 것을 꼭 기억해 주시기 바란다.

인터넷 發
독이 든 정보

필자 히라가 지금 가장 주의를 기울여야 한다고 생각하는 정보가 있다. 그것은 세상에 홍수처럼 별만큼 많이 흘러 다니고 있는 인터넷 컨설턴트로부터 얻는 정보이다.

결론부터 말하자면 지금 그들이 쏟아내고 있는 정보의 95%는 도움이 되기는 커녕 독이 된다.

중소기업을 위한 마케팅 기법으로 다이렉트 레스폰스 마케팅DRM을 간다 마사노리神田昌典선생이 보급하고 나서 이미 10년이 지났다. 그동안 20년간 마케팅 기법은 얼마나 진화했을까. 실은 하나도 진화하지 않았다. 오히려 퇴보하고 있는 것이 현실이다.

결과적으로 어떤 일이 일어나고 있는가. DRM에서 약진하고 있던 중소기업이 다시 대기업에 압도되기 시작하고 있는 것이다.

지금 세계는 인터넷을 중심으로 돌고 있다고 느끼는 사람들이 상당히 많을 것이다. 물론 인터넷 발 정보는 셀 수 없을 만큼 많아서 인터넷으로 상거래를 하고 있는 사람도 상당수 있다.

그러나 인터넷은 과연 세계의 중심일까?

인터넷으로 상거래를 하고 있는 20대와 30대의 젊은이들 및 그들을 고객으로 하고 있는 컨설턴트들은 자신들이 세상의 중심에 있다고 생각할 것이다.

당연히 '인생에서 성공하기 위한 노하우'와 같은 정보들을 인터넷상에 띄우고 있는 컨설턴트도 있다.

그러나 본인들은 세계의 표준인척 하지만 사실은 네트워크라는 좁은 세계에 맞춰서 적응 진화한 경우가 대부분이다.

요컨대, 기형畸形이라는 것이다.

그들이 말하는 매상고라는 것이 모든 비즈니스의 매상 중 몇 %에도 미치지 않는다. 그런 특수한 세계에서의 성공 법칙을 모든 비즈니스의 성공 법칙인 것처럼 선전하고 있는 것이다.

현재의 컨설턴트 업계는 그런 상태가 되어버렸다. 그것을 읽고 억만장자를 목표로 하는 것은 '산악인의 성공법칙'를 읽고 억만장자가 되려고 하는 것과 같은 것이다.

물론 전혀 도움이 되지 않는 것은 아니지만, 우리들처럼 일반적인 CEO 경영자 회원을 많이 보유한 컨설턴트는 그 차이를 확실히 알 수 있다.

분명하게 말할 수 있는 것은 일반 경영자와 인터넷 컨설턴트의 사이에는 사고방식에서든, 또 정보수집법이든 돈을 버는 방법론이든간에 상당한 괴리가 있다. 그들이 만들어내는 정보는 인터넷에서만 통용되는 경우가 대부분이다. 그 때문에 깊이 추적할 필요조차 없다. 신뢰할 필요도 없고 정보가 들어오지 않는다고 한탄할 필요도 없다.

독자 여러분도 객관적인 입장에서 살펴보면 알 수 있을 것이다.

'마케팅! 마케팅!'이라고 강조하는 컨설턴트가 실전에서 행하고 있는 비즈니스보다 마케팅의 'M'자도 내지 않는 기존 상거래인들이 보다 높은 수준의 마케팅 기법을 사용하고 있다는 것이다. 사실 그 정도의 기업은 세상에 얼마든지 있다.

불안한 것은 이해한다.

보통의 기업인들은 "이것이 성공하기 위한 법칙입니다."라고 컨설턴트가 교재로 넘겨주면 안심하게 되는 것이다. 그것이 당연한 일이니 뭐랄 수도 없다.

하지만 눈을 좀 더 크게 뜨라고 이야기하고 싶다.

그들이 성공 법칙이라고 부르며 독자 여러분에게 팔고 있는 것은 컨설턴트가 성공하고 있는 기업을 조금 분석하여 그 회사가 하고 있는 100가지 행동 중에 불과 두세 가지 행동을 채택한 다음 "이것이 성공한 이유입니다."라고 단정하고 있는 것일 뿐이다.

내가 컨설턴트를 한다면서 독자 여러분에게 "이 기업은 대단한 마케팅 기법을 남모르게 활용하고 있습니다. 그들의 진위여부를 철저하게 파악하는 것에만 2~3년은 최소한 걸릴 것입니다."라는 회사의 리스트를 100개 정도 건네 드린다고 생각해 보자. 어떤 일이 일어날까? 상상해 보기 바란다. 아무도 컨설팅을 받으려 않을 것이다. 그러나 사실, 오랜 기간에 걸쳐 살펴보지 않고 남의 회사를 아무렇게나 함부로 평가한다는 것은 정말 위험한 일이 아닌가.

그러니 시중에 돌아다니는 엉터리 같은 정보는 다 버리고 정말 오래도록 준비하고 연구한 진정한 자료를 통해 마케팅을 시작하는 것이 비즈니스에 성공하는 지름길이 될 것이다.

'억만장자의 커닝페이퍼'의 첫 단계는 바로 그 리스트이다.

좋은 정보에선 자연스레 돈버는 아이디어가 나온다

앞에서 좋은 정보를 모으고 나쁜 정보를 버려야 한다는 이야기를 한 적이 있다. 그러면 구체적으로 좋은 정보의 하나로 성공 사례를 들어보기로 하자.

독자 여러분이 하고 싶다고 생각하고 있는 비즈니스의 성공 사례나 유행하는 비즈니스의 성공 사례를 예로 들어 이야기하자면, 그런 성공 사례들을 매일 5분간 미술작품을 감상하는 것처럼 단지 바라보기만 하라는 것이다.

그러면 어떤 일이 일어날까? 신기하게도 자연스럽게 좋은 비즈니스 아이디어를 얻을 수 있게 되는 것이다.

단지 한 가지 주의를 요하는 것이 있다. 자연스럽게 좋은 비즈니스 아이디어를 얻을 수 있다는 것의 의미는 쉽게 비즈니스 아이디어를 얻게 된다는 것이 아니다. 오히려 이것은 "만족할 수 없어 뭔가 근질근질한, 어쩔 줄 몰라하는 몸상태가 된다"는 표현이 가장 가까울 수도 있다.

세상에는 아무리 좋은 것을 계속 바라봐도 금방 자신이 좋은 것을 만들어 낼 수 있는 것은 없는 법이다. 무슨 일이 그렇게 달콤하고 편한 것이 있겠는가?

이 상태를 다르게 표현하자면 단지 자신이 낸 아이디어나 자신이 만든 홈페이지가 무엇이 이상하다, 대단히 위화감이 든다, 혹은 목표로 한 아이디어의 수준까지는 도달하지 못했다는 것을 알아차리게 되어 기분이 이상해지고 뭔가 해야 할 것 같은 상태에 이른다는 말이다.

어디를 바꾸면 그 위화감이 사라지는지는 알지 못하지만 무언가가 좀 더 좋아질 것 같은 느낌은 든다. 그런 뭔가 근질근질한 것 같은 느낌, 그것이 당신이 제일 먼저 얻지 않으면 안 되는 감각인 것이다.

이 '불만족감' '위화감' '불편함' 이야말로 최고의 아이디어를 얻기까지 철저하게 파고들 수 있게 하는 원동력이자 근거가 되는 것이다.

이렇게 되면 연구하고 살펴보는 것 모두를 중요한 힌트로 삼을 수 있게 된다. 즉 기분이 나쁘기 때문에 왠지 불편하기 때문에 그것을 해소하고 싶다고 늘 생각하게 되는 것이다.

결국 이런 과정을 통해 자신의 눈앞의 것이 목표로 하는 아이디어인지 아닌지를 판별할 수 있게 된다는 것이다. 이는 좋고 나쁜 것을 판별할 수 있게 되는 수준에 이른다는 말이다.

단순한 이야기로 생각할지 모르지만 이것은 대단한 능력이다.

예술 분야에서처럼 명화를 1,000작품 정도 보면 어떤 사람이라도 눈앞의 작품이 명화인지 아닌지 대략 알 수 있게 되는 것과 마찬가지다.

그렇다고 해서 스스로 명화를 그릴 수 있는 것은 아니다. 지금 이 단계는 바로 이런 상태인 것이다.

외부의 컨설턴트에 의존하고 있는 사람은 이런 판단을 할 수가 없다. 컨설턴트가 좋다고 하든지 나쁘다고 하든지 그런 것 밖에 답을 받을 수가 없고, 자신이 만들어 낸 아이디어와 광고가 어느 정도 수준에 도달해 있는지조차는 아예 모르는 것이다. 이 때문에 언제나 주체성이 없어서 남들 하라는 대로 하며 살아야 하는 것이 이런 부류의 사람들이다. 비록 실패했다 하더라도 "컨설턴트가 좋다고 했기 때문에 어쩔수가 없는 일이지!"라고 책임전가를 하며 자신은 전혀 반성도 하지 않게 되는 것이다.

이런 사람은 아무리 성공해도 혹은 아무리 실패해도 기업인으로서 또 인간으로서도 전혀 성장하지 못한다. 스스로 주체적으로 비즈니스를 하고 기업인으로 성장해 가기 위해서라도 스스로 커닝페이퍼를 만들어 성공 사례를 탐독하며 연구하는 것이 중요하다.

공부하면 할수록
바보가 된다

컨설턴트에 대한 의존과는 반대로 다른 형태의 실패도 흔히 있다. '어설픈 병법은 참패를 부른다' 는 것이다. 어정쩡한 지식과 기술을 잘못 휘둘러 도리어 자신의 목을 조이게 되는 경우이다. 이것도 같은 실패를 낳는다. 마케팅에도 이런 경우가 허다하다.

공부 만능주의의 영향 때문인지는 모르지만 최근에는 마케팅에 대해서도 상당한 지식을 갖고 있는 사람들이 많다. 그러나 이런 지식에 푹 빠져 있다든가 혹은 자신이 마케팅의 달인이라고 착각한다든가 하면, 책상머리에서 생각만 하고 사업에서는 정작 실패하는 경우를 맞을 수밖에 없다. 이론과 실제는 다른 것이다.

"마케팅을 배운 사람이라면 이 사람은 성공할 거야!" 이렇게 생각하는 사람도 많이 있다. 예를 들면 매상을 올리기 위해 하야시가 계속 활용하는 광고에 5행 광고가 있다. 메일 매거진 등의 윗 페이지 부분에 가로 36자, 세로 5자 정도의 스페이스에 광고 문장을 집어넣어 상품 홍보를 하는 광고다.

이 5행 광고를 만들 때 마케팅 이론만을 적용하여 고객을 부추긴다든지, 인기를 모으고 있는 유행어를 사용하여 문장을 만드는 사람들이 많이 있다. 그리고 이 "5행 광고는 상당히 먹힐 겁니다."라며 자신만만하게 10만 엔을 내고 광고를 하게 한다.

하지만 반응은 일체 없다. 상식적으로 생각하면 이런 문장 정도로는 반응이 없는 것이 당연한 건데 익숙한 마케팅 지식 때문에 자신을 과잉 신뢰하면서 실패하게 된 것이다. 이런 것은 마케팅에는 전혀 흥미가 없는 여자 친구들에게 들려주는 정도로 그쳐야 한다.

"이 광고를 읽고 과연 이 제품을 사보고 싶다고 생각하십니까?"

그 대답이 진실을 보여주고 있다.

'눈길을 끄는 광고 = 반응'이라는 미묘한 공식으로 머리가 가득 차 있기 때문에 제대로 된 판단을 할 수가 없고 돈만 날리게 되어 버리는 것이다. 그런데도 기업의 고객들은 더 맹렬한 기세로 클레임을 걸어온다.

"그 쪽이 가르쳐 준대로 이런 광고 카피를 쓰고, 눈길을 끌만큼 흥미와 관심도가 높게 구성했는데도 어째서 효과가 나지 않는 거지요? 10만 엔만 버리지 않았습니까? 어떻게 좀 해 보세요."

개중에는 직접 화가 잔뜩 나서 쳐들어오는 사람도 있다.

이런 클레임에 책임지고 대응을 하고 있는 것이 하야시이다. 잔뜩 화가 난 상대방에게 "당신은 경영자이지 않습니까? 자기 책임이라고 생각하십시오."라고 말할 수는 없다. 처음에는 그저 손이 발이 되도록 싹싹 빌고 그의 말을 잘 들어줄 수밖에 없는 것이다.

그렇게 실패하는 사람들을 상대하는 중에 하야시는 실패한 사람들에게는 일종의 패턴이 있다는 것을 발견하게 되었다.

요컨대, 어정쩡한 마케팅 이론에 집착하여 두뇌가 경직된 사람들이 대부분 실패한다는 것이다. 그리고 하야시는 깨달았다. 처음부터 마케팅이란 말은 꺼내지도 가르치지도 말고, 마케팅의 본질을 이해시키는 쪽이 낫다는 것을…

단, 그렇다고 해도 눈앞에 있는 고객을 버려 둘 수는 없는 일이다. 그래서 그들을 위해 처방전을 내어왔다.

"5행 광고를 출고하기 전에 반드시 가족에게 읽혀서 그들의 생각을 들어보십시오. 다시 친한 친구 다섯 명에게 읽혀서 반응을 살피십시오. 그들에게 이야기할 때, 객관적으로 읽어보고 이 광고에 클릭할 것인지 안할 것인지를 진심으로 물어보십시오. 그리고 반응이 좋으면 그 다음에 광고를 내시면 됩니다."

이 정도 처방전 만으로도 실패하는 사람의 숫자는 크게 줄었다. 그렇게 자신의 머리가 꽉 막혔는가라며 납득해 준 분들까지 나왔다. 우리 가운데 많은 사람들은 공부를 하면 현명해질 것이라고 생각해버리는 사람도 있지만, 현실적으로는 공부를 하면 할수록 바보가 되는 사람쪽이 많은 것이다.

제3장 **마인드 편**

억만장자가 될 수 없는
사람의 7가지 패턴

● 지금까지 설명한 것처럼 전형적인 실패의 사례를 잘 살펴보면, 정말로 배울 것이 많다. 어쩌면 독자 여러분 중에서도 "그래 정말 맞아", "맞아. 맞아"라고 생각하면서 읽고 있는 분도 계실지 모른다.

여기서 과거에 우리들이 목격해온 7가지의 전형적인 실패 사례에 대해 이야기 하려고 한다.

이 7가지의 실패의 패턴을 의식해 두기만 해도 독자여러분의 성공을 막고 있던 심리적인 장벽을 무너뜨릴 수가 있을 것이라고 생각한다.

대개 실패의 원인은 우리들 마음속에 있는 벽이 원인이다. 그 벽을 깨뜨려야 한다. 우리들의 고객은 귀중한 돈을 넣고 시간을 투자했다가 정신적인 쇼크까지 받아가며 실패한 사람들이다. 따라서 이 실패 사례들을 접할 때 반드시 마음을 열어 이 고통스러운 실패의 사례들에 귀를 기울일 필요가 있을 것이다.

패턴

1

마케팅을 깊이 연구해
100엔도 벌지 못하는 사람

본인은 억만장자가 되고 싶다고 생각하는 데도 불구하고 현실에서는 100엔도 벌지 못하고 좌절해 버리는 사람도 많다. 틀린 말이 아니다. 창업하고 싶어하는 사람들은 도처에 있지만 그중 70% 이상은 100엔도 벌지 못한 채 문을 닫아 버리는 것이다.

상거래는 흐르면서 발전하는 것이다. 100엔을 번 사람은 천 엔을 벌려고 하고, 천 엔을 번 사람은 만 엔을 향해 벌이에 나서게 된다.

그렇게 하나씩 단계를 높여 밟아 나가지 않으면 안 되는 것이다.

하지만 현실적으로는 창업하고 싶다고 생각하는 사람 중에 백 엔을 벌기 위한 비즈니스 플랜을 만드는 사람은 별로 없다. 백만 엔, 천만 엔을 벌기 위한 비즈니스 플랜을 뜬금없이 만들려고 나서는 것이다. 경험 있는 사람이라면 관계 없겠지만 처음부터 그것은 초보자에게 무리일 수밖에 없다. 그런 점들을 이해시키기 위해 3년 전에 '백 엔 프로젝트'를 시작했다.

그때까지는 일억 엔을 버는 방법이나 천만 엔을 버는 방법이나 여러 가지가 있다고 주장해왔지만 그것이 틀렸다는 것을 고객들에게 직접 알려주려는 것이었다.

미션은 1개월 이내에 자신의 손으로 100엔을 버는 것이었다. 그것이 잘 되면 우리쪽에 보고를 하도록 했다. 목표를 달성한 사람에게는 호화로운 수만 엔분의 보너스 상금 특전까지 주어졌다.

조건은 인터넷을 이용하여 벌어야 한다는 것뿐이었다. 자신의 상품을 만들지 않아도 좋다. 타사와 제휴해도 상관없다는 조건이었다. 더구나 서버는 여기서 빌려준다.

또 세일즈 레터는 이쪽의 서식을 사용해 달라는 조건에 그 밖의 주변에 관한 모든 것은 이쪽에서 준비한 상태였다. 요컨대 무대장치는 우리쪽에서 다 준비해주었으므로 여러분들이 능력껏 100엔을 벌어오면 된다는 식이었다.

그런데 그것이 불가능했다. 이들은 완전 초보가 아니었다. 교재로 공부하고 마케팅 서적도 태산처럼 많이 읽고 세미나에도 출석했던 사람들이었다. 그럼에도 불구하고 1엔도 벌지 못한 사람이 속출했다.

왜 이런 참담한 결과가 생겨난 것일까. 요컨대 결론적으로 말하자면 이들은 하고 싶은 마음이 나지 않았던 것이다. 일억 엔은 벌고 싶지만, 실제로는 실천하고 싶지는 않은 사람들이었던 것이다. 입으로는 돈을 벌고 싶다고 말하고 있지만 본심으로는 놀면서 맥주나 마시는 것이 즐거웠던 것이다.

결국 이런 것은 자동차에서 액셀러레이터와 브레이크를 동시에 밟고 있는 것과 같은 상태인 것이다. 그런 사람은 실제 그 이상 벌고 싶지 않은 상태임을 보여준다. 현재 상태로 충분히 만족하고 있다는 말이다. 진정한 자신을 안다는 의미에서는 그 정도 파악한 것만으로도 수확이라고 할 수 있다. 자신을 알았기 때문이다.

그러니 이러한 사람은 억만장자를 목표로 하지 않는 편이 낫다. 단순히 공부하는 것을 좋아한다는 것뿐이고, 실제로 돈을 벌기위해 무엇을 하는 것을 즐기지 않기 때문이다.

우리들은 공부를 좋아한다는 것을 부정하려고 하지는 않는다. 학자들처럼 연구에 연구를 거듭하다보면 그중에서 무엇인가 멋진 법칙을 생각해 낼 수도 있기 때문이다.

하지만 앞에서 언급한 사람들은 자신의 진실한 욕구를 아는 것이 좋을 것이다. 액셀러레이터와 브레이크를 동시에 밟는 것은 시간만 내버리고 오히려 최대의 스트레스를 받게 될 것이다. 이들은 참고 견디면서 뭔가를 하려 해도 그 의미를 찾지 못하게 되는 것이다.

또는 진실로 억만장자가 되고 싶은 사람일지라도 아직 그 단계를 목표로 삼아야 할 수준이 아닌 경우도 있다. 샐러리맨이라면 눈앞의 업무에 집중해야 할 때도 있다. 히라도 일급 건축사 자격을 따기 위해 공부하고 있었을 때는 마케팅 같은 것에는 관심이나 공부할 마음을 두지 않았고 흥미조차 없었다.

지금 필요한 것에 집중하는 것이 억만장자의 마인드 세트Mind-set인 것이다.

여하튼 '백 엔 프로젝트'에 참가한 것만으로도 많은 사람들이 자신의 속에 잘 드러나지 않았던 심층심리를 발견할 수 있게 되었다.

이로써 자신이 억만장자가 되고 싶은 것인지 아닌지를 제대로 확인할 수 있는 계기가 되었다.

패턴

2

고만고만한 수입에서
빠져나올 수 없는 사람

    우리들 고객 중에서 "이 정도면 성공한 사람이지 뭐"라고 자위하는 수준의 사람이 전체에서 5% 정도 된다.

    '이 정도' 라고 언급했지만 그 수준이 모두 억만장자라는 것은 절대 아니다. 그 중에는 연수입 오백만 엔에서 천만 엔정도의 고객들도 섞여 있는 것이다.

    문제는 이 수준의 사람들이다. 일억 엔까지 이르려면 아직은 갈 길이 멀다. 하지만 그럭저럭은 벌고 있다는 상태다. 샐러리맨을 하면서 과외로 벌고 있는 사람들도 있다. 부수입이 이 만큼만 있으면 "이 정도면 나쁘지 않지"라고 생각할지도 모르겠다.

하기사 이것은 본인의 가치관 문제일 수도 있다. 자신의 벌이로 만족하고 행복하다면 다른 사람이 이러쿵저러쿵할 필요도 없을 것이다.

그런데 이 클래스의 사람들에게는 어딘가 우유부단하고 미적지근하며 욕구불만 상태인 사람들이 꽤 있다. 그 심경을 대변하자면, "좀 더 벌고 싶다. 하지만 너무 무리하고 싶지는 않다. 지금 있는 것을 놓치고 싶지 않다."라고 정리된다.

실제 이런 사람에게 수입을 업그레이드할 수 있는 방법을 제안해도 거부당하는 일이 많다.

요컨대 처음부터 끝까지 일관적이지 못한 사람들인 것이다.

이들은 지금 현실에는 강한 불만을 가지고 있다. 내 인생을 이대로 두어도 좋은가. 살아 있는 의미는 무엇인가 등을 늘 생각하고 산다. 그럼에도 어째서 더 이상 벌지 못하는 것인지 그 이유를 이해하지 못하고 있다. 즉, 자신에게 원인이 있다고는 꿈에도 생각하지 않고 있는 것이다.

다시 말하자면, 무엇이 부족한 것은 잘 알고 있다. 그리고 마음도 만족하지 않고 있다. 그럼에도 자신이 나쁘다고는 깨닫지 못하고 있는 것이다. 이 때문에 확실히 입으로 표현하진 않지만, 생각 저 깊은 바닥에서는 자신의 벌이가 좀 더 늘지 않는 것은 외적 요인 때문이라고 생각하고 있는 것이다.

별로 좋지 않게 들리겠지만 이런 사람은 아무래도 속이기 쉬운 존재다. 우리들은 사용하지 않아 왔지만 "이것이 최신 마케팅 노하우입니다.""최고의 비밀을 지금 처음 공개합니다"라고 말하면 확실히 걸려들 수 있는 사람들인 것이다.

이런 부류의 사람은 '최신', '최고의 비밀'과 같은 단어에 대단히 약하다.

히라가 한창 컨설턴트를 하고 있던 시대에도 이런 동료들이 많이 있었다.

"과연 그런가? 내게 부족한 것은 이런 최신 방법이 없었기 때문이었군!"라고 생각해 버리는 것이다. 거꾸로 말하면 진실을 이야기하더라도 그들은 들을 수 있는 귀를 가지고 있지 않은 것이다. 어정쩡한 성공 체험에 빠져 있기 때문이다.

"나는 지금까지 잘 해 왔기 때문에 당신의 충고 따위는 필요 없어 요."라고 말하는 사람들인 것이다.

최근에 히라가 어떤 세미나에 나갔을 때 이상한 사람들과 만나게 되었다. 그들은 6년 전과 똑같이 "최근 좋은 노하우를 접하게 되어서 정말 좋았어요. 이걸로 난관을 뚫고 나갈 수가 있게 되었습니다."라 고 말하고 있었던 것이다. 히라가 데자뷰를 본 것일까?

히라는 사실 그 순간에 데자뷰를 보고 있는 걸로 착각했다. 그들은 6년 동안 여전히 달라지지 않은 채 실패를 반복하고 있었던 것이다. 이제 그들이 제발 그 상태에서 벗어나기 바란다. 어떤 계기라도 좋 다. 그들이 자신의 옳고 그름을 제대로 알아차려 주기를 간절히 바랄 뿐이다.

패턴

3

10만 엔짜리 세미나에서
죽어라고 노트 필기만 하는 사람

1,500엔 하는 히라의 단행본은 잘 사지 않으면서도 10만 엔, 20만 엔 하는 세미나라면 무리를 해서라도 출석하는 사람이 있다.

값싼 단행본은 알맹이 없는 겉치레용이고, 고가의 세미나는 중요한 노하우가 가득 담겨있다고 생각하기 때문일 것이다. 이런 사람들은 정작 세미나 자리에서는 한마디도 제대로 들으려 하지 않고 열심히 노트 정리만 하고 있는 부류이기도 하다.

그러나 사실은 노트만 정리하기 위해 세미나를 들으러 오는 것은 돈과 시간 낭비가 될 가능성이 많다. 한 눈도 팔지 않고 노트를 쓰는 것이 공부가 된다고 생각한다면 그것은 큰 착각이다.

우리는 전에 미국에서 어떤 세미나에 참가한 적이 있었다. 참가비는 무려 200만 엔. 강사는 마케팅의 신이라 불리는 인물로 이 글에선 그냥 A 씨라고 부르기로 한다.

여러분은 200만 엔이나 낼 정도의 강좌라서 우리가 대단한 노하우를 들을 수 있었을 것이라고 생각할 지도 모른다.

하지만 그 강좌에서 한 A 씨의 이야기는 일본에서 번역 출판된 그의 저서와 완전히 똑같았다. 심지어 이야기의 흐름과 줄거리까지 똑같았다.

그런데 우리가 낙담하거나 화를 내며 그에게 달려갔는가 하면 결코 그렇지 않았다. 물론 사기꾼이라고 돈을 돌려달라고 요구하지도 않았다. 왜냐하면 그의 세미나 내용이 그렇다는 것을 이미 알고 갔기 때문이었다.

결국 세미나에 가서 노하우를 찾는 것은 잘못된 것임을 깨달아야 한다.

노하우를 찾아 몸에 익히려 하는 사람은 교재가 10만 엔 짜리라도 무리해서 반드시 사고야 만다. 그러나 이런 유형의 사람들은 좀처럼 돈을 벌기 어려운 타입이라는 것을 유념해 주시기 바란다.

그러면 200만 엔짜리 세미나에는 가서 무엇을 찾아야 한다는 것인가?

그 세미나석에서 인간관계를 맺는 것이다. 그리고 거기서 실제로 살아 있는 생생한 성공 사례를 들어야 하는 것이다.

대개의 사람들은 100만 엔짜리 교과서에 써 있는 성공 사례는 금은보화처럼 중요시하지만 연봉 1억 엔을 벌고 있는 사람이 바로 옆에서 이야기하는, 지금 하고 있는 비즈니스 성공 사례 이야기에는 별로 관심이 없다.

쓰레기에는 흥미를 갖고 달려들며 중요시하지만 정말 중요한 가치가 있는 것에는 눈길도 주지 않으려는 것은 무슨 연유일까?

A 씨의 세미나가 값비싼 데도 사람들이 몰려드는 것은 그를 만나

본인과 얼굴을 익혀놓을 수 있어서이다. 거기에 가치가 있다는 말이다. 그로부터 이야기를 듣기도 하고 사람들을 소개 받고 하는 것에 큰 메리트가 있는 것이다.

좀 더 이해하기 쉽게 이야기해 보자.

A 씨의 세미나에 가는 것은 그와 함께 사진을 찍는 것에도 큰 의미가 있다. 그렇게 나란히 서서 사진을 찍었다 하자. 그런 후 그 사진을 홈페이지에 게재할 수 있을 것이다. 그렇게 되면 홈페이지 그 자체도, 판매하고 있는 그 상품도 신뢰성이 한 단계 올라가서 시장 경쟁력이 강해지는 것이다. 그 신뢰성을 생각하기 때문에 비싼 세미나에 기꺼이 참석하려는 것이다. 따라서 그 신뢰를 생각한다면 세미나 비용은 전혀 아깝지 않은 것이다.

패턴

4

점심값으로 10만 엔을
지불할 수 없는 사람

4년 전 개최된 억만장자 세미나에서 히라는 참석한 고객들을 상대로 작은 퍼포먼스 행사를 했다.

"1만 엔을 갖고 싶으신 분은 손을 들어 주십시오. '예'라고 손을 드시는 분에게 돈을 드리겠습니다."

히라의 말이 끝났지만 아무도 손을 들지 않았다. 그러자 히라는 이렇게 이야기했다.

"여러분 중에 아무도 손을 들지 않았습니다. 여러분들은 오늘 노하우를 배우기 위해서가 아니라 돈을 벌기 위해 여기에 오신 걸로 압니다. 그런데도 1만 엔을 갖고 싶다고 손을 드신 분이 아무도 없다는 것은 여러분들이 실제로는 돈을 벌기 위해 온 것이 아니라 공부하고 싶어서 온 것이라고 생각하게 만듭니다. 그렇지 않습니까?"

다시 되풀이하는 것이라서 지겹게 들리겠지만 세미나에서 노하우를 몸에 익히려고 하는 사람은 억만장자가 되기 어려운 타입인 것이다.

그리고 나서 3, 4년이 지나고 사람들의 의식이 많이 달라졌다. 이른바 돈에 대한 죄의식, 부자에 대한 선입견도 어느 정도 줄어들었다.

2008년 6월, 퍼포먼스 제2탄이 시작되었다. 이번에는 하야시가 총대를 메고 나갔다.

"히라 히데노부 씨와 점심을 함께 할 권리를 여러분께 드립니다."
라고 내걸고 0엔에서부터 옥션을 시작한 것이다.

참석자 전원이 재빠르게 손을 들었다. 1,000엔으로 올랐어도 거의 모든 사람이 손을 들었다. 그러나 1만 엔으로 옥션이 진행되자 상당

수 손을 내렸고 5만 엔으로 오르면서 대부분은 손을 내렸다. 히라와 의 점심이 10만 엔이 되자 단 세 사람만이 손을 들어 입찰했기 때문에 그 세 사람에게만 히라 히데노부와 점심을 같이 할 권리를 주게 되었다.

하야시는 거기서 식사 상품권을 주면서 이렇게 말했다.

"10만 엔을 지불하고서라도 히라 씨와 식사를 같이 하겠다는 세 분 의 각오를 충분히 알게 되었습니다. 하지만 10만 엔짜리 식사는 너무 비싸니 1만 엔만 내시고 같이 식사를 하실 수 있도록 하겠습니다."

이 퍼포먼스에서 깨달은 것은 이런 것이었다.

"모든 사람은 교재라면 10만 엔이라도 지불할 작정을 하고 있다. 하지만 히라 히데노부와 점심을 같이 하는 것에는 10만 엔을 낼 사람 이 거의 없었다."

이것은 왜 그런 것일까? 히라와 점심을 같이 하는 편이 훨씬 벌이가 될 텐데 말이다. 우선 히라 히데노부와 점심을 같이 한다면 그와 친구가 될 가능성이 높아진다는 것을 사람들은 이해하지 못하고 있는 것이다.

히라의 입장에서 보자면 물론 10만 엔짜리 교재를 사 주는 분도 고맙고 기쁠 것이다. 그러나 자신과 점심을 먹기 위해 10만 엔을 낼 각오가 있다는 사람이라면 그것이야말로 정말 기쁘고 즐거운 일이 아닐까?

이렇게까지 나를 생각해 주는구나 싶어서 그는 더욱 더 그들에게 신경을 쓰게 될 것이다. 그 결과 히라는 평생을 그들과 함께 가고 싶다는 생각을 하게 될 것이다.

실제로 히라는 이 때 점심을 같이 한 세 사람과 정말 친숙한 사이로 가까워졌다. 유럽 여행 때와 하와이 여행 때도 이들과 같이 했으며 결국 파트너 이상의 친구로 이들과 친해졌던 것이다.

이 에피소드에서 우리는 무엇을 생각할 수 있는가?

히라와의 점심시간은 겨우 1시간 뿐이다. 그 자리에서 최신 마케팅 기술이나 특별한 돈벌이에 대한 노하우를 주고받을 시간은 턱도 없이 부족하다. 그렇지만 거기서 그들은 돈보다 더 귀한 것을 찾아내고 얻어낼 수 있었을 것이라고 확신한다.

그 사람들은 처음부터 다른 이들과 생각이 달랐다. 자신의 마인드를 열어 놓고 공부나 마케팅 이론의 연구로 억만장자가 될 수는 없다는 사실을 몸으로 깨닫고 있는 사람들이었던 것이다. 이렇게 열린 사고를 가진 사람이라면 '억만장자의 커닝페이퍼'에 대한 기본 지식을 자연스레 익힌 사람이라고 할 수 있을 것이다.

패턴

5

마케팅을 종교로
여기는 사람

종교의 세계에서는 자신들의 신을 오로지 믿는다. 신앙심이라는 것이 복종과 충성을 가져오게 하는 것이다. 비판이나 비평은 가능하지도 않으며 머리에서 발끝까지 믿고 있기 때문에 그런 것은 할 엄두도 내지 않는다. 종교의 자유는 보장되어 있으니 무엇을 믿든지 그것은 자유롭다.

문제는 이런 종교적인 것을 마케팅 기법에까지 끌고 들어오는 사람이 있다는 것이다. 어떤 사람에게 가르침을 받은 일부 제자들은 맹목적으로 복종하며 질문도 하지 않는다. 즉, 의심하는 것을 모르는 사람들이다.

한 번 스승은 영원한 스승이며 스승에 대해서는 아무 것이나 믿어 버린다. 그러니 의문을 갖는 것은 원천적으로 가능하지 않다. 이 종교를 갖고 들어온 원조 스승은 제자들의 이런 자세로 인해 더욱 더 독불장군이 되어 간다. 제자들의 맹목적인 추종이 스승을 더 나쁜 길로 가게 하는 것이다.

스승은 이런 분위기에 특히 민감해져서 자신이 원하는 대로 제자들을 마음대로 조종한다.

그는 더 이상 새로운 것을 가르치면 안 된다고 생각한다. 왜냐 하면 제자들이 헷갈려하기 때문이다.

이로 인해 아무리 새로운 이론이 들어와서 스승이 그것을 재미있게 여겨도, 제자들의 생각을 바꾸기까지는 새로운 것을 도입할 수가 없는 것이다. 결국 맹목적인 제자와 신도들은 스승을 밧줄로 묶고 발에 재갈을 물려 함께 빠져가고 있는 것이다.

제자들은 의심할 줄 모른다. 종교와 마케팅은 다른 데도 말이다.

이들 맹목적 제자들은 스승에 대해서는 물론이고 마케팅 이론에 대해서도 의심하는 것을 터부시한다. 그러면 기대하던 결과가 나오지 않을 때 이들은 어떻게 반응할까? 예를 들어 보자.

"마케팅 이론에 따라 언론에 5행 광고를 실었다. 그런데 가르쳐준 논리는 이미 버려버린 상태다. 언론 광고의 효과는 전혀 나타나지도 않고 있다."

이런 경우라면 대개는 마케팅 이론에 대해 뭔가 이상하다고 여기는 것이 보통이다. 아니면 자신의 사고방식이 틀린 것인가를 생각하는 것이 당연하다. 그런데 맹목적 제자(신도)들은 이렇게 생각하지 않는다. 고객들이 바보라고 생각해 버리는 것이다. 유감이지만 바보짓을 하고 있는 이들은 정작 자신들인데 상대를 바보라고 여기는 것이다. 그렇게 생각하고 있는 한 이들은 같은 잘못을 계속해서 저질러갈 것이다.

이런 종교적 분위기의 마케터들은 곳곳에 널려 있다. 이 가운데는 마케팅교도 있고, DRM교도 있으며 히라의 종교도 있을 것이다.

이 사람들의 특징은 원조 스승이 가르쳐 준 것을 조금도 의심하지 않는다는 것이다. 스승과 붙어 있으면 반드시 성과가 나올 것이라고 생각하고 있는 것이다.

그러나 이것은 스승에게 절대 의존적이며 한편으론 자신들의 책임 전가일 뿐이다.

그러면 왜 이 글에서 갑자기 이런 실패하는 사람들 이야기를 꺼낸 것일까?

그것은 '억만장자의 커닝페이퍼'가 한 사람의 스승에게 의존하고 있다면 절대로 나올 수 없는 것이기 때문이다.

예를 들면 우리들이 흔히 활용하는 인터넷 세일즈 레터는 어떤 특정한 선생의 것만이 아니라 방대한 가르침을 주는 세일즈 레터를 체크하고 그때그때 사용할 것을 각 부분과 부분으로 취합하여 만드는 것이다. 어느 것을 어떻게 조합하고 만들어 갈 것인가는 그 때마다의 상황에 따라 달라지는 것이므로 매번 전혀 다른 세일즈 레터가 나오게 되는 셈이다.

그런 상황을 이해할 수 없는 것이 OO교의 맹신도들이다. 그들은 이렇게 말한다.

"OO 선생님의 세일즈 레터가 제일 낫기 때문에 다른 낮은 수준의 것은 볼 필요가 없다. 그것을 봐도 자신의 레벨 업에 별로 도움이 안 되기 때문이다. 그런 것을 할 짬이 있다면 차라리 OO 선생님의 세일즈 레터를 100독讀 하는 것이 나을 것이다."

이런 사람들은 여러 가지 것에 뿌리를 둔 '억만장자의 커닝페이퍼'는 만들어 낼 수가 없다. 스승의 정보에 지나치게 기울어져 있기 때문이다. 스승을 존경하는 것은 좋은 일이다. 그러나 스승 외에도 더 좋은 스승은 넘쳐난다. 스승이 준 정보 외에도 받아들여야 할 정보는 얼마든지 있는 법이다. 만약 이 책의 독자 가운데 히라의 맹신도가 혹 있다고 한다면 그 분들은 지금 이 내용을 반드시 유념해 주시기 바란다.

패턴

6

몇 년 전 성공을
지금도 실력이라고 믿는 사람

"옛날엔 좋았어!" 우리들 오프라인 사회에선 이렇게 말하면 노인네처럼 보인다고 싫어들 하지만 인터넷 온라인 세계에서는 의외로 이렇게 과거를 생각하며 회상하는 것을 좋아하는 사람들이 많다. 7~8년 전에만 해도 성공한 경영자로 평가받고 있던 사람들의 대부분이 여기에 해당될 것이라고 생각한다. 이들은 그 시절에는 시대의 선구자, 인터넷 시대의 최강자, 기적을 일군 프런티어 등으로 칭송을 받았던 사람들이다. 그런데 지금은 어떤가?

"경기가 너무 나빠져서…"라며 고개를 젓는 사람도 있고 이미 업종을 바꾼 사람도 있으며 연락이 두절된 사람조차 있을 것이다. 요컨대 "어쨌든 옛날은 좋았다"이다. 이런 생각을 가진 사람들은 생각보다 많다.

왜 그 당시에는 좋았는데 지금은 나빠진 것일까 생각해 보자. 이렇게 그 사연을 살펴보는 것이 '옛날은 좋았던 사람들'에게는 재도약할 수 있는 계기가 된다면 더할 나위 없이 좋은 일이고, '지금 잘나가는 사람들'에게는 과거의 잘못을 되풀이하지 않도록 하는 타산지석이 될 수 있기 때문이다.

우선 당시 인터넷을 둘러싼 환경을 확인해 보자. 개척기라고 할 정도의 옛날은 아니지만 당시 인터넷 보급률은 겨우 10% 전반이었다. 현재 90%가 넘는 숫자와 비교해보면 하늘과 땅의 격차라 할만하다

사실 모든 사업의 성공의 열쇠는 이 같은 숫자에 있다.

상거래의 경쟁 상대는 적고 인터넷에 아직 익숙하지 않은 손님들은 대부분 내가 하기에 따라 시장을 장악할 수 있었던 것이 당시 초

기 인터넷 시대였다. 간단하게 말하자면 일찍 일어나는 새가 모이를 많이 주워 먹는 시대였다.

'억만장자의 커닝페이퍼'가 없어도 DRM의 실체를 이해를 하지 못하더라도 시작만 하면 성공할 수 있던 시대였다. 당시의 키워드는 "이 지방에서 최고입니다" "이 나라에서 일등입니다"라는 카피였다. 이 카피만 붙이면 마음 놓고 시장을 먹어치울 수 있는 시대였으며 소비자도 그만큼 많았다.

그리고 또 하나. 성과를 내기위해 가장 중요한 키워드가 있었는데 그것은 바로 '처음'이라는 것이었다.

광고의 성과가 가장 많이 나오는 것은 언제일까? 광고의 캐치 카피가 잘 먹힐 때? 사실 그런 것은 크게 관계가 없다. 그것은 고객이 '광고를 광고로 인식하지 않을 때'이다.

그 광고가 광고라고 인식되지 않을 때 성과는 최대가 된다.

다음 이야기는 별로 알려져 있지 않은 마케팅의 숨겨진 비밀과 같은 것이라 반드시 기억해 두시기를 부탁드린다.

고객이 그 광고를 광고로 인식하지 않을 가능성이 가장 높은 것이 새로운 형태의 광고를 받아들이는 '처음'일 때이다. 7~8년 전에는 세일즈 레터가 메일로 도착해도 그것이 판촉 메일인 줄로 이해하는 사람이 별로 없었다. 똑같은 메일이 점점 계속 날아오면서 사람들은 드디어 이런 메일이 스팸광고인 것을 인식하게 되었던 것이다.

당시에는 '고객의 소리' 시늉만 내어도 시장의 효과가 나타났다. 캐치 카피도 5행 광고◆도 그랬다. 그저 형태만 갖추어 내보내기만 하면 성과가 나타났던 것이다.

이런 저런 일들이 모두 소비자에게 처음이었기 때문에 가능한 일이 었다.

따라서 광고의 힘이든 판매의 힘이든 대단한 수준이 아닌 사람이라도 연수입 2천만 엔에서 3천만 엔을 올리는 것은 그렇게 어렵지 않

註

◆ 5행 광고
메일 서비스 등에 5줄 광고를 실어 기업홍보를 하는 광고 기법.

았다. 결국 마케팅 기술이나 기업인의 수준이 높아서 장사가 잘된 것은 아니었다는 이야기이다.

사실을 말할라치면 이것도 일종의 '선험자의 행운'이라고 할 수 있다. 그런데 본인이 그렇게 생각하고 있는 동안에는 문제가 없지만, 안타까운 것은 자신의 실력으로 돈을 벌었다고 착각해버린다는 것이다. 어찌 되었든 DRM이 무엇인지도 모르고 있던 시대의 해프닝이었다.

이 당시는 때때로 잘 팔렸다는 것만으로도 매스컴이나 주위에서 DRM의 신이라고 칭송받았고, 본인도 그런 기분으로 어깨를 펴고 다녔으니 꿈같은 시절의 이야기였다. 그러나 이런 사람은 본격적인 경쟁이 시작된 후부터는 쇠락의 길을 걷게 되었고 그 속도도 또한 더 빨라지고 있다. 변화에 적응하지 못하는 사람은 경쟁에서 탈락할 수밖에 없기 때문이다.

그 무렵은 미국에 비해 20년 정도 뒤져 있다고 하던 것이 아시아 특히 일본의 인터넷 환경이었지만, 지금은 선진국과 거의 차별이 없어질 정도로 서로 어깨를 나란히 하게 되었다. 따라서 이 분야에 진출하는 사람도 많아졌고 소비자의 지혜나 노하우도 크게 늘어났다.

이렇게 되자 쉽사리 돈을 벌 수 없게 되었다. 그것이 지금의 현실이다. 경쟁은 지나칠 정도로 치열하다. 그러나 정작 경영자 본인은 이 환경의 급변을 하나도 제대로 자각하지 못하고 있는 경우도 있다. 그리고서 이렇게 생각한다.

"최근 별로 벌지 못하는 것은 경기가 나빠서 그런 거야!"

이 정도라면 결국 업계에서 도태되든지 쫓겨날 수밖에 없지 않을까?

그렇다면 지금은 무엇이 중요할까

캐치프레이즈가 중요하다. 또한 고객의 목소리를 제대로 반영하는 것도 중요하다. 그 정도는 누구라도 알 수 있다고 한다면 도대체 기업간의 차이는 왜 생겨나는 것일까.

그것은 각 시스템 속에 채워진 콘텐츠의 질(레벨)과 양 때문이다.

얼마만큼 계산적이고 합리적인 캐치 카피를 만들 것인가. 어느 만큼 수준 높은 고객의 목소리를 실을 수 있을 것인가 거기에 해답이 있다.

고객의 소리란 고객의 니즈Needs이다. 고객이 어떤 것을 요구하고 원하는지를 제대로 담아야 한다는 말이다.

고객의 소리를 예로 들어보자.

고객의 소리가 단지 있기만 하면 좋다고 하던 시절은 이미 끝났다. 예를 들면 히라의 회사 L하우스에선 '신문고'라고 부르는 고객의 소리란이 있다. 고객이 직접 손으로 써서 넣어준 것을 그 자리에서 디카로 촬영해서 바로 공개한다. 그것은 더구나 인쇄와 파일링의 과정을 거쳐 언제 어디서든지 볼 수 있는 형태로 보관되어 있다.

L하우스 창업으로부터 7년이 지나면서 기업을 튼튼하게 세우도록 도와준 고객들과 나아가 업자들의 목소리까지 포함한 모든 것이 보관되어 있다. 그 수는 500건을 넘어선다.

새로 시장에 참여하는 사람들이 아무리 '고객의 소리'의 중요성을 인식하고 있다 해도 우리들을 당장 이길 수 없다. 그 동안 쌓아놓은 것이 없기 때문이다. 몇 십 년 비즈니스를 해왔던 간에 고객의 소리를 축적해 오지 않고 제대로 관리해오지 않은 업자들은 이제 실패할 수밖에 없다. 이것이 콘텐츠의 질과 양이라는 문제와 직결되기 때문이다. 21세기는 이런 것에서부터 격차가 벌어지는 것이다.

소비자는 민감하다. 그런데도 고객의 소리가 언제나 똑같든지 또 반복해서 올라오든지 한다는 것은 그런 만큼의 평가밖에 받지 못하는 이유가 있기 때문이다. 이런 것을 살피지 못하는 한 그 결과는 보나마나다. 언제나 이기는 쪽과 지는 쪽의 차이가 크게 벌어지고 역전은 아예 불가능해 지는 것이다.

향후에는 고객의 정보를 꾸준히 축적해온 사람에게 큰 기회가 열리는 시대가 될 것이다.

이처럼 콘텐츠의 질과 양이 중요한 시대가 되었기 때문에 단지 스승이 제공하는 것밖에 보지 않겠다는 것은 자살 행위나 다름없다. 단 한 사람의 연구보다 많은 사람의 연구가 질이나 양에서 100% 이길 수밖에 없기 때문이다.

이제부터는 모든 사람이 배우고 힌트를 얻어내는 '억만장자의 커닝페이퍼'의 시대가 열리는 것이다.

패턴

7

이익의 80%를 나누는 것에
화를 내는 사람

우리 회사에는 신규 비즈니스 플랜을 들고 많은 사람들이 찾아온다. 그 가운데는 자신이 생각해 낸 아이디어나 상품을 우리와 공유하여 판매하고 싶어 하는 사람들도 있다. 그럴 때 상품은 그들의 아이디어로 만든 완성된 형태로 가지고 오는 경우가 대부분이다.

예를 들면 "우리는 영어를 간단하고 쉽게 말할 수 있도록 하는 방법을 30년에 걸쳐 개발했습니다. 그 위대한 집대성이 지금 보여드리는 CD입니다. 이것을 당신의 회사와 함께 팔고 싶습니다. 이론과 이

상품의 아이디어는 모두 제 것입니다. 저는 세미나도 할 수 있습니다."라는 식이다.

이 사람들은 판매 루트를 모르고 마케팅을 모르기 때문에 필자 히라와 공동사업을 해보고 싶어 찾아 온 것이다.

이 경우 당연히 이익배분이 문제가 된다.

"어느 정도 이익을 배분받기 원하십니까?"라고 물으면 대부분의 사람들은 "50:50으로 하죠."라고 대답한다. 하긴 그럴 것이다. 공동사업이라고는 하지만 원본을 만든 것은 그 쪽이니까. 이쪽에서 해주는 것이라고는 광고를 한 장 만들어 파는 것뿐이다. 그러니 그 쪽에서 그렇게 생각하는 것도 무리는 아니다.

그러나 우리들은 원칙을 이렇게 정하고 있다.

"우리 회사는 이익의 80%를 원합니다."

"80%라뇨? 세상에… 상대가 30년에 걸쳐 피땀 흘려 만든 것을 거저먹겠다는 말입니까?"

말은 안 해도 이런 불만의 표정이 상대에게 가득하다.

이런 제안을 들으면 '뭐야? 이거 도둑놈들 아냐?' 라며 기가 막힌다는 표정을 짓는 사람들이 대부분이다.

그러나 우리는 80%의 이익을 받는 대신 고객이 30년에 걸쳐 개발한 상품을 완벽하게 팔아 드리는 것이라고 제안을 하는 것이다.

이 제안에 OK라고 말하는 사람은 거의 없다. 심지어 착취라고 비난하는 사람들도 있다.

하지만 우리들은 이것도 오히려 싸다고 생각한다. 더 받고 싶다는 말이다. 우리와 일을 시작하는 사람은 이 제안을 받아들일 경우 틀림없이 이익을 거둔다. 우리들의 노하우와 신용, 거래처의 리스트와 효과적인 마케팅 방법을 활용하면 곧바로 이익을 거둘 수 있기 때문이다.

특정한 상품이 세상에 선을 보이려면 상상을 초월하는 에너지가 필요하다. 뭐니 뭐니 해도 상품의 '데뷔' 만큼 큰 사건은 없다.

독자 여러분은 이 점을 분명히 기억하셔야 한다.

첫 상품을 선보이는 것이 가장 중요한 작업이다.

가수든 작가든 디자이너든 상품개발자든 그것은 똑같다. 비즈니스 창업도 똑같다. 고객의 첫 선을 보이는 데뷔만이라도 확실하게 성공시키면 그 다음은 어떻게든 꾸려나갈 수 있다. 0(제로)이 1이 되면 그 다음은 배로 불어나는 게임도 가능한 것이다.

그 유일한 최대의 난관이 데뷔다. 그 장벽을 우리 시스템을 활용하여 쉽게 풀어준다는 것이다. 80%의 배분이 결코 비싸다고 생각하지는 않는다.

사실 억만장자가 될 사람과 궁핍한 채 인생을 마치는 사람의 차이는 여기에 있다.

여기서 이야기 하고 싶은 것은 단 한 장의 광고의 가치다.

피카소의 그림은 단 10분 만에 그린 작품이라도 수 천만 엔의 가치를 지닌다. 왜냐하면 그의 과거에 수십 년간 노력해 온 과정과 재능이 뒷받침 된 '10분'이기 때문이다.

명작의 가치는 그 작품의 가치도 가치려니와 작가가 그동안 쌓아 온 명성과 노력과 히트작들이 모여 이뤄내는 것이다.

우리는 늘 작품 한 가지만 보려 하지만, 억만장자가 된 사람들은 그 너머를 볼 수 있는 눈을 가진 것이다.

한 장의 광고도 같다. 당신의 모든 노력도 또 '억만장자의 커닝페이퍼'도 최종적으로는 하나의 광고를 만들기 위한 것이다.

제4장 테크닉 편

억만장자의 정보원을
심어 두는 방법

우리들이

- 아이디어를 떠올리기 위해 고민하는 데 쓰는 시간
- 세일즈 레터를 생각하는 데 쓰는 시간
- 캐치 카피를 고민하는데 쓰는 시간

은 당신의 100분의 1정도 밖에 되지 않는다. 이 점을 어떻게 생각하는가?

자연스럽게 최신 마케팅을 습득할 수 있는 비법

앞의 장까지 필자들의 글이 좀 지루했지만 그건 사실 워밍업이었다. 이제 워밍업은 끝났다. 이제부터는 '억만장자의 커닝페이퍼'를 만드는 방법을 구체적으로 설명해 나가기로 한다.

이제까지는 상세하게 설명하지 않았지만 몇몇 구체적인 사례와 사고 방법 등을 통해 '억만장자의 커닝페이퍼'에 대해 설명해 왔다. 이제 독자 여러분의 머리는 다소 어수선해져 있을지도 모르겠지만 걱정할 일은 없다. 이제는 어느 정도 필자들이 이야기하고자 하는 부분에 대해 마음이 열리게 되었을 것이라고 생각한다.

최초부터 구체적인 이야기를 해 버리면 어려워져서 오히려 이야기가 머리에 쏙 들어가지 않게 되므로 지금과 같은 순서로 이야기를 전개하는 것임을 이해해 주기 바란다.

이제부터는 당신의 머릿속에 있는 모든 재료를 활용하여 최강의 커닝페이퍼를 만들고 억만장자가 되는 방법을 설명해 나갈 것이다.

그럼 우선 처음에 이야기했던 '억만장자의 커닝페이퍼'라는 것이 과연 무엇인가를 다시 한 번 확인해 보기로 하자. 이를 한마디로 압축하면 이렇게 된다.

- 특별히 아무것도 하지 않고도 자연스레 최신 마케팅을 습득할 수 있다.
- 특별히 아무것도 하지 않아도 자연스레 히트 상품을 만들 수 있다.
- 특별히 아무것도 하지 않아도 자연스레 잘 팔리는 광고 카피를 만들 수 있다.
- 특별히 무엇을 하지 않아도 자연스레 억만장자로 성공할 수 있다.

그 결과 별다른 노력 없이도 억만장자가 될 수 있는 것이다.

억만장자가 되기 위한 방법론, 그것은 상품을 파는 것이다. 단지 그것뿐이다.

예를 들면 '고객들에게 통할만한 좋은 상품기획'을 파는 것도 좋고 건강식품이나 와인도 좋다. 당신이 팔 수 있다고 생각하는 것이라면 무엇이라도 좋다. 단, 히라가 주택에서부터 출발했듯이 파는 것은 가능하면 자신이 이제까지 관여해 온, 당신 자신이 잘 알고 있는 것부터 하는 게 좋겠다.

당신이 최초로 해야만 하는 것은 하나의 사업에서 이익을 낼 때까지의 '상품의 판매 모형'을 정리하는 것이다. 그 위에 각 모형마다 방대한 정보를 집적해 가면 된다.

히라의 회사 L하우스의 경우는
① 소책자 광고나 신문광고를 낸다.
② 그 광고를 본 사람이 회사를 방문한다.
③ 이번에는 회사에서 방문했던 사람에게 뉴스레터를 보낸다.
④ 그러면 그 사람이 다시 견학을 온다.

이런 시스템으로 계약이 이루어지는 것이 '상품의 판매 모형'이다.

인프로빅이라는 마케팅 학습교재 판매회사로 말하자면,

① 신문에 5단 광고를 낸다.

② 홈페이지에 메일 주소와 성명을 기입하게 한다.

③ 스텝 메일◆을 보내되, 메일을 몇 통씩 계속 보내 소비자가 계속해서 세일즈 레터를 읽게 한다.

④ 이 세일즈 레터로 상품을 구매하게 한다.

는 식으로 마케팅의 흐름를 완성해 가는 것이다.

독자 여러분은 필자가 이 책의 처음에 억만장자가 되기 위한 정보의 정의로 '수익으로 이어지는 정보로 한다'는 이야기를 했던 것을 기억하실 것이다.

여기서 '수익으로 이어지는 정보'란 사실 앞에서 언급한 ①~④에 해당하는 것이다. 여기에 해당하는 것만 진짜 '수입에 직결되는 정보'인 셈이다.

L하우스에선 계약=수입이다. 따라서 계약을 이루어가기 위해 '상

품의 판매 모형'마다 철저하게 정보를 수집해야 한다. 1년 2년 10년을 계속 해서 철저하게 수집해가야 하는 것이다.

예를 들자면 앞에서 소개한 5백 건의 축적된 고객의 목소리도 그 가운데 하나다. ①을 만들기 위한 소재이고 ④의 견학을 통해 계약을 이루어가는 중요한 소재가 되는 것이다.

이와 같이 '상품의 판매 모형'마다 모아가는 정보 속에서 당신이 맨 먼저 반드시 해야 할 일이 광고를 수집해 놓는 것이다. 그리고 그 중에서도 우선순위가 빨라야 할 것은 라이벌 사의 광고를 철저하게 모아 놓는 것이다.

Kiten輝点●이라는 회사 이야기를 잠시 하고 가자. 키텐은 히라가 통신판매사업을 하기 위해 만든 회사다.

註

◆ 스텝 메일(stepmail)은 정해진 기간 내에 지정된 날짜에 준비된 글이 1회부터 최종회까지 송신되는 단계적 메일 마케팅 시스템을 말한다.
● 주식회사 Kiten은 히라가 대표이사로 있는 신생기업으로, 통신판매 및 TV홈쇼핑 등에 관계하는 컨설팅 사업을 주로 하는 기업이다. 여기에 인쇄물과 기획 편집 세미나 운영 등도 포함하고 있다.

히라는 이 회사를 2년 전에 시작하기에 앞서 건강식품 통신판매업계의 광고만을 계속 해서 모아 왔다. 나가노長野는 물론이고 도쿄와 전국의 관련 광고를 모아 왔던 것이다. 히라는 이로써 자신만큼 건강식품 통신판매업계의 광고를 많이 읽고 본 사람이 없을 것이라고 자부하게 되었다. 그는 일반적인 광고는 물론 이 업계의 샘플 상품으로부터 실제 상품까지를 몽땅 모아들였다.

그 뿐만이 아니다. 인터넷에 게재되는 5행 광고도 상당한 양을 다 체크해서 모두 모아 두었다. 세일즈 레터와 스텝 메일도 똑같이 모아 두었다.

이렇게 하면서 필자는 5행 광고, 스텝 메일, 광고의 저장을 통해 해마다 수백 수천 건씩의 정보를 쌓아갔다. 히라가 한 이 작업이야말로 전형적인 '억만장자의 정보원情報源'이며 '억만장자의 커닝페이퍼'로 가는 지름길이 되었던 것이다.

독자 여러분께 바라는 것은 이런 식으로 모든 주제마다 정보를 저장해 가라는 것이다.

모든 아이디어는 이 속에 담겨 있다.

예를 들면 한 장의 카피를 쓰는데 평상시라면 몇 권의 책을 읽고 머리를 쥐어짜기도 하고, 경우에 따라서는 프로 카피라이터에게 많은 돈을 집어 주면서 의뢰하는 경우도 있다. 그럼에도 돈을 지불한 만큼의 효과가 나타나면 좋겠지만 거의 기대할 수 없는 것이 솔직한 현실이다.

그런데 이 '정보원'만 있으면 그 속에서 정답을 보다 쉽게 찾을 수 있게 되는 것이다.

스스로 생각할 필요가 없다. 단지 선택만 할뿐이다.

이것이 '억만장자의 커닝페이퍼'를 만드는 기본적인 방법이다.

스텝 ① : 자신이 하고 싶은 비즈니스의 '돈을 벌어가는 수입의 흐름도flow-chat'를 정리해 보자.

스텝 ② : 정보원을 만든다.

당신이 맨 먼저 해야 할 일은 이 두 가지 스텝이다. '상품의 판매 모형'을 정리하고 다음에 각 단계의 정보를 무한하게 모을 수 있는 장치를 만든다. 이것이 '억만장자의 커닝페이퍼'가 된다. 이제 이해하실 수 있을 것이라고 생각한다.

예를 들면 5행 광고를 천 개 읽어보고 싶다고 하자. 당신이라면 어떻게 할 것인가?

우리들은 네트워크상의 모든 메일 매거진을 리스트 업list-up한다. 그리고 모든 사이트에 들어가서 구독 신청을 하는 것이다. 그들 매거진의 기사는 일체 읽지 않는다. 단, 5행 광고만을 읽는 것이다.

이는 네트워크에서만이 아니다. 오프라인에서도 완전히 똑같다. L하우스의 경우 상품의 판매 모형에서 나온 회사상품 견학에 대한 정보를 얻고 싶다고 하자. 당신이라면 어떻게 할 것인가?

우리들은 우선 지역 내 모든 주택전시장에 대해 집을 건축하고 싶어 하는 고객을 가장하여 방문한다. 그 회사 세일즈맨들은 정말 간절하고 정중하게 방문자를 고객으로 모시며 일일이 응대해 줄 것이다. 그러면 거기서 보고 들은 것을 근거로 '모델 하우스 견학 레포트'를 작성하는 것이다.

히라 자신도 그랬다. 하야시도 이 레포트를 쓴 적이 있다.

나가노, 니가타, 야마나시 등 모든 곳에 나가 레포트를 만들었다. 홋카이도나 큐슈 등 가기가 먼 곳은 현지 주부를 고용하여 레포트를 쓰도록 했다. 그만큼 철저히 조사하여 정보를 입수했던 것이다.

우리 필자들은 상담을 원하는 고객에게 이렇게 이야기한다.

- 스텝 메일을 쓰려고 하면서 스텝 메일을 100통도 읽지 않는다.
- 세일즈 레터를 쓰려고 하면서 모범적인 세일즈 레터를 100통도 읽지 않는다.
- 전단지를 만들려 하면서 정말 멋진 전단지 100장도 읽지 않는다.
- 캐치 카피를 만들려고 연습하면서 멋진 카피 문구 100개도 읽지 않는다.

이런 부류의 사람들은 반드시 실패하고 말 것이라고.

상상해 보라. 당신이 인프로빅과 똑같은 비즈니스 모델 회사를 운

영하고 싶다고 생각해 보라. 만약 당신이

- 수천 건의 5행 광고를 읽고
- 그 단가로부터 대략의 이득과 상품 구성을 알고
- 매주 수십 통 이상의 세일즈 레터를 읽고
- 거기서 메일 어드레스를 등록함으로써 매일 수십 통의 스텝 메일을 받고
- 매일 수십 통의 '상품 발매'와 '판촉' 메일을 받는다.
- 나아가 우수한 세일즈 레터의 상품을 사들이고 그 우수한 후속 메일을 수십 통씩 받는다고 한다면…

정말 그런 연구와 궁리를 한다면 어떨 것인가?

당신은 1년도 채 지나지 않아서 그 비즈니스의 스페셜리스트가 될 수 있을 것이라고 생각하지 않는가? 그렇다. 정말 그렇게 될 것이다. 그러나 그렇게 하기란 얼마나 어려운 일인가?

실제 그렇게 하기만 한다면, 할 수만 있다면 대단할 것이다. 업계를 주름잡는 스페셜리스트가 될 수 있을 것이다. 그렇기 때문에 먼저 정

보원을 잘 만들어 두는 것이 정말 중요하다는 이야기를 하는 것이다.

스텝 ③ : '억만장자의 커닝페이퍼'를 만든다

자, 이제 정보원을 만든 시점에서 이득으로 이어질 정보를 대단히 많이 모으게끔 되었다.

그러면 이 정보들을 죽 한 번 훑어보는 것이다. 반드시 한 번은 읽어 보되 30초 정도 살펴보는 것이다. 이것만으로도 효과는 절대적이다. 앞에서 이야기한 것처럼 소위 비즈니스의 감이라고 불리는 것이 완전히 몸에 붙게 된다.

단, 이들 정보를 읽고 나서 버리면 안 된다. 제대로 저장해 두어야 하는 것이다. 예를 들어 '모델 하우스 견학 레포트'라면 이것을 하나부터 열까지 모두 모아서 한 폴더에 저장해 두는 것이다.

L하우스에선 어떤 PC 한 대의 폴더에 1,000개 가까운 '모델 하우스 견학 레포트'가 일련번호가 붙어서 모두 보관되어 있다. 이것은 완전히 일급비밀 정보로 아주 특별한 등급의 사람들만 이 존재를 알고 있다.

5행 광고의 경우도 마찬가지다.

5행 광고가 실려 있는 메일 매거진이 도착하면 그것을 특정 메일 폴더로 이동시켜 둔다. 그렇게 하면 그 폴더에는 점점 더 많은 5행 광고들이 쌓여가게 되는 것이다. 인프로빅의 경우로 말하자면 이미 이 5행 광고의 저장이 1만 건 가까이 쌓여 있다. 벌써 3년 가까이 저장해 왔기 때문이다.

이렇게 쌓아 둔, 매일매일 늘어가는 데이터의 수. 이 데이터들이야말로 우리들이 자신 있게 이야기하는 '억만장자의 커닝페이퍼'가 될 만한 것이다.

아이디어를 고민하는 데 쓰는 시간은 당신의 100분의 1

사실 우리들이
- 아이디어를 떠올리기 위해 고민하는 데 쓰는 시간
- 세일즈 레터를 생각하는 데 쓰는 시간
- 캐치 카피를 고민하는데 쓰는 시간

은 당신의 100분의 1정도 밖에 되지 않는다. 이 점을 어떻게 생각하는가?

획기적인 비즈니스 아이디어와 새로운 세일즈 레터를 항상 보내고 있으므로 고객으로부터는 어쩌면 그렇게 아이디어를 잘 낼 수 있는 시간이 있느냐는 질문을 받기도 한다. 하지만 앞에서 이야기했듯이 우리는 그렇게 많은 시간을 쓰지 않고도 아이디어를 낼 수 있는 준비가 되어 있는 것이다. 왜 이것이 가능한지 이제 여러분은 어느 정도 이해하실 수 있게 되었으리라 생각한다.

즉, 우리는 아이디어를 내기 위해 '억만장자의 커닝페이퍼' 속에서 이미 많은 것을 커닝해 온 셈이다.

어떤 기업의 CEO가 "새로운 고객의 목소리에 대한 레이아웃을 시도해 보고 싶다."는 이야기를 해 오면 우리는 1,000통 가까이 저장해 둔 DM 책자를 다시 들춰보기도 하고 세일즈 레터를 살펴본다든지 하여 그 속에서 적절한 것을 찾아낸다.

또 다른 어느 기업에서 "영업실적을 올리기 위해 궁리를 짜내고 있는데…"하면 지금까지 만들어 온 '모델하우스 견학 레포트'를 다시 읽고 아이디어를 끄집어내기도 한다.

하나를 알면 열이 해결되는 것처럼 우리들의 비즈니스 처리 방식은 모두 이와 같이 이루어진다.

물론 완전히 머리를 쓰지 않고 다 해결하는 것은 결코 아니다. 머리를 쓰는 것도 중요하다. 그러나 우리가 머리를 쓰는 부분은 '어떤 아이디어가 가장 눈앞의 상황에 적합한가'에 대해서이다.

시간은 한정돼 있다. 아이디어를 생각하는 데 시간을 너무 쓰면 그것을 어떻게 실현시켜나갈지, 또 어떻게 이익을 창출할지를 생각할 시간이 없어져버린다는 것을 기억하기 바란다.

최대한 이익을 올리려면 아이디어를 스스로 생각하고 있어서는 안 된다는 것이다.

하루에 1억 엔의 매상을 올리는 홈페이지를 만들어 내다

억만장자의 커닝페이퍼를 활용하면 홈페이지 정도는 앗 하는 짧은

순간에도 만들어 낼 수 있다. 다음 페이지에 그 증거를 남겨둔다.

154쪽은 '밀리오네어 마케팅 시스템'의 광고 선전을 위해 만든 홈페이지의 첫 페이지다. 일본에선 상당히 두드러진 홈페이지 디자인으로 볼 수 있는데, 실은 이것 자체가 '억만장자의 커닝페이퍼'의 아이디어를 바탕에 깔고 제작한 것임을 밝혀둔다.

155쪽을 유심히 살펴보시기 바란다. 글자는 영어로 되어 있는데 디자인은 완전히 앞의 홈페이지와 똑같지 않은가? 이것은 존 리스라는 사람의 홈페이지에 있는 것이다.

요컨대 그의 홈피 디자인을 그대로 사용하여 완성시킨 것이 '밀리오네어 마케팅 시스템'의 홈페이지가 된 것이다. 그 한 페이지만이 아니라 이후의 다른 페이지도 똑같이 구성되어 있다. 히라는 이 홈피로 1시간에 1억 엔을 벌었다.

이것이야말로 '억만장자의 커닝페이퍼'의 대단한 위력이다.

'정보원'이 되는 소재 중에서 존 리스의 홈페이지를 찾아낼 수 있는 감성만 있으면 그 뒤는 별로 어려울 것이 없다. 시간도 걸리지 않는다. 무엇에 끌려들어가듯 세일즈 레터도 그대로 만들어 낼 수 있게 된다.

이 때 서툴게 아마추어처럼 '나만의 독자적인 색깔을 넣어봐야지'

The Billionaire's Cheatsheet

히라 히데노부가 만들어 1억 엔의 매출을 올린 홈페이지

注意！この手紙にはきれいごとは書かれていません…

"もし、これらの3つの約束を守る事が できる！と誓えるのならば… ライバルに 恥をかかし、卑怯者呼ばわりされる程 儲ける非道徳な方法を公開しますが…

遂に公開！ ５年前まで年収５００万円だった平秀信がわず
か２年で億万長者に成り上がった秘密… 最も競争の激しい
住宅業界で独立、一気にナンバーワンに躍り出た。そして、
わずか５年で総額５０億円の売上げを叩き出した。その禁じ
られたマーケティング秘術をすべて公開。４６才の非道徳な
億万長者が惜しげもなく告白した高額納税者への最短距離を
ステップバイステップであなたにも今、解き明かす… 真実
を目の当たりする勇気の無い人は絶対に見ないで下さい…

It's true! The "website traffic generation" industry is about to be *turned on its ear...*

"If You Can Copy And Paste, Then You Have What It Takes To <u>Quickly</u> And <u>Easily</u> Drive More Cash-In-Hand, Eager-To-Buy Leads And Prospects To Your Website Than You Can Ever Handle — Once You Know The <u>Secrets</u>."

Finally Revealed! After Driving 1.57 Billion Visitors To His Websites And Producing <u>Millions</u> Of Dollars In Sales, 33-Year-Old Florida Man Breaks 14 Years Of Silence To Expose For The First Time Ever His Proven, 'Lab-Tested' Strategies Anyone Can Use For Consistently Generating Steady Streams Of Targeted Leads To ANY Website... No Matter What You Sell, How Much Experience You Have Or What Kind Of Budget You Have To Work With...

"Above is the complete, A-to-Z, step-by-step multimedia course on how you can generate consistent and near unstoppable streams of qualified leads and prospects coming to your website... *Starting even on the very first day!*

by John Reese   Traficsecret.com

라는 생각을 하지 않는 것이 좋을 것이다. 글자의 크기는 물론 글자의 간격, 행간도 똑같이 하는 것이 좋다. 이것이 '정보원'에 대한 예의이기도 하며, 확실하게 성과를 올리기 위한 방법이기도 하다.

단순한 '베껴 먹기'와 '전통의 계승'의 차이

　이런 방법을 소개하면 반드시 '저작권 침해' 운운하는 사람들이 있다. 훔친 것을 쓸까봐 염려하는 것이다. 그래서 설명을 하게 된다. 이 분야에선 한다 하는 히라도 처음엔 그렇게 생각하는 사람 중의 한 명이었다. 처음에 히라는 '밀리오네어 마케팅 시스템'의 세일즈 레터는 하나부터 모두 스승이자 카피 라이터인 미스터 X가 작성한 것이라고 생각하고 있었다.

　하지만 히라는 어느 날 영어로 된 편지 한 통을 받았다. 그 사람은 "히라 씨, 이 페이지는 존 리스의 홈페이지와 쏙 뺐군요. 그 홈피를 모방한 겁니까?"라고 지적해 주었다. 그 말을 듣자마자 히라는 기절할 정도로 놀랐다. 그는 즉시 미스터 X에게 메일을 보냈다.

Mr. X의 편지

히라는 배신당한 느낌이 들었기 때문에 편지의 문구는 결코 예의 바르지 않았다. 오히려 다소 감정적인 기분 나쁜 문구로 보낸 것이다.

"당신은 사기꾼입니까?"

사실 이 공격적 편지는 '다소'가 아닌 '대단히' 거친 표현이었다.

그에 대해 미스터 X가 다음과 같은 회신을 보내왔다.

히라 씨.

제 세일즈 레터는 저의 오리지널 작품입니다. 존의 것을 흉내내지 않았습니다. 한 단어, 한 글자 모두 히라 님의 감정을 모두 담아서 써 보낸 것입니다. 존의 카피와 비교할 것이 아닙니다. 제가 쓴 카피가 10,000,000배 훨씬 낫습니다.

때문에 많은 고객들이 들러 구매해 주는 것이 아니겠습니까?

존은 OO만 명의 리스트를 갖고 있어도 OO명만 사러 들어옵니다. 다른 사람들이 흉내내고 있다고 생각하는 것은 영어로 된 문구를 제대로 끝까지 읽지 않았기 때문입니다.

사이트의 색깔, 형태, 스크롤바, 상품 이미지의 배치 등 사이트 구성은 OO 씨에게 상세하게 조언을 구한 것입니다. 이것은 이미 히라 님께도 말씀드린 바 있습니다. 다음 내용을 기억하시죠?

"스크롤바를 빨갛게 하면 고객 응답률이 0.2% 오른다고 합니다. 친구에게 물으니 바탕색을 청색이나 흑색, 혹은 흰색으로 하는 것이 좋겠다고 하더군요. 뒤쪽 점선의 박스를 사진 아래쪽으로 내리면 반응률이 1% 올라갑니다. 사진을 붙이는 방법은 또 친구에게 물어봤으니 좀 기다려 주세요."

이렇게 모든 과정을 자세히 말씀드리지 않았습니까? 모두 말씀드린 대로입니다.

문장을 다시 한 번 상세하게 읽어보십시오. OO 씨가 쓴 카피를 하야시 님에게 번역시키셔서 읽어봐 주시기 바랍니다. 존의 상품이나 존의 카피, 그 어느 것과도 비슷하지 않습니다.

색깔, 스크롤바, 사진 게재방법 등은 반응을 더 좋게 하는 테크닉으로, 누가 발명한 것이라 해도 흉내낸 것이라고 볼 수 없습니다. 잘 팔리는 형태일 뿐입니다.

문장을 다시 한 번 천천히 읽어보십시오. 마케팅 이야기를 하자면 저는 존의 흉내나 낸 것이 아닙니다. 저는 그를 넘어서 달려가고 있습니다. 그는 '고객을 초조하게 기다리게 하는 작전'을 쓰면서 단순히 메일과 블로그에서 사진을 보여주고 있습니다. 그리고 상품의 발매 당일 날 판매를 개시했습니다. 그 후 후속 메일 몇 통을 보낸 것뿐입니다.

그러나 저는 같은 작전이지만 영화 프리뷰 같은 스타일을 적용했습니다. 1분, 5분, 30분 그리고 마지막 신 3분을 예고편 보여

주듯이 보여주었습니다. 이것은 미국이나 일본에선 아직 아무도 사용하지 않고 있던 방법입니다.

고객에게 판매 희망일을 묻는다는 것은 미국이나 일본에서 누구도 시도하지 않은 것입니다. 그리고 희망일을 들은 후 고객이 초조하게 기다리는 마음과 연계하기 위해 블로그에서 한 시간을 활용하여 우선 고객 리스트에 이야기 대화방을 개설하였고, 거기에 1,000건이나 사연을 쓰게 하는 놀라운 일을 기획하기도 했습니다.

· 히라 님의 불안감을 제거해 드리고
· 고객이 스스로 특별하다는 느낌을 갖게 하며
· 고객을 차분히 기다리게 하는

이 세 가지 득을 얻게 한 것을 미국이나 일본에서 누가 시도한 적이 있습니까?

여기까지의 발상은 누구도 할 수 없었던 일입니다. 그리고 발매 직후에 고객이 화가 나서 쓰는 '클레임성 메일'에서 주문 취소가 나오는 것을 역으로 이용하여 도리어 주문으로 이어가는 테크닉은 그 누구도 하지 못했던 일입니다.

따라서 사이트의 형태만 보고 제 아이디어가 모두 존의 것이라고 몰아붙이는 것은 도저히 용납하기 어렵습니다. 제 노력이 모두 허사가 된 느낌입니다. 제가 라스베거스에서 잠도 자지 않으면서 만들어 낸 아이디어가 '사이트 형태'만 보고 남의 사이트 흉내내기라도 한 것처럼 매도된다니 기가 막힙니다.

제가 OO 씨와 필사적으로 3일간이나 밤잠도 자지 않고 만들어 낸 카피가 '사이트의 형태, 사진 올리는 방법, 존슨 박스, 스크롤 바, 색상'만을 보고 모두 흉내라고 말한다면 OO 씨도 울고 싶어질 것이고 나도 너무 싫습니다.

우리 모두 시대의 흐름을 읽으면서 다음 작업을 생각하여 프로젝트와 광고 카피를 창조하고 있습니다.

처음 집객集客 때부터 '250개의 한정판매'와 '1,500명에게 억만장자 세미나'라는 식으로 프로젝트별로 자연스럽게 마케팅을 이어가며, 거기서부터 세 배의 프로젝트를 진행하고 공격적으로 마케팅 DVD를 내보내는 식입니다. 저는 비즈니스의 추세를 살피면서 모든 프로젝트를 생각하고 있습니다. 그때그때 매상만을 위해 아무 것이라도 밀어내는 방식은 사용하지 않습니다.

이번에 걱정하시는 밀리오네어 마케팅 `시스템의 카피 형태에 대해 말씀드리자면 실제로 걱정하실 것이 하나도 없다는 것입니다. 우리들은 좋은 평가를 받기 위해 카피를 쓰고 있는 것이 아닙니다. 오해 받지 않으려고 조심조심 카피를 쓰고 있는 것도 아닙니다. 물론 높은 평가를 받고 노벨상을 받겠다고 카피를 쓰고 있는 것도 아닙니다.

실제로 이번 카피로 O억 O만 엔 이상의 매상을 올렸습니다. 팔리는 카피를 쓰는 것이 제 임무라고 생각하고 저는 그 임무를 제대로 해냈다고 생각합니다. 모든 사람을 감동시킬 기적의 이야기를 써달라고 하신다면 그렇게 하겠습니다. 명연설 명문장으로 쓰면 됩니다. 그러나 DVD를 파는 것이 이번에 제게 맡겨진 임무라고 생각합니다. 거기에 최선을 다한 것입니다.

제가 사용한 '형태'는 미국의 카피라이터들이 몇 년에 걸쳐서 테스트하고 또 테스트를 거친 결과 완성된 베스트 세일즈 형태입니다. "우와~ 똑같다"라고 생각하실 만큼 베스트세일즈 형태 그대로를 충실하게 반영하지 않으면 안 되는 것입니다.

반응이 높은 색의 사용 방법, 사진의 게재 방법, 스크롤바의 색상 등 이미 테스트를 거쳐 완성되어 있는 형태를 이미 처음부터 다시 만들 필요가 있을까요? 중요한 문장만 저희들이 만들어 올리면 되는 것입니다.

마케팅의 'M'자도 모르는 사람들의 평가를 걱정할 필요는 없습니다. 우리들의 목적을 확실히 생각하지 않으면 이런 식으로 정말 걱정 안 해도 될 부분에 쓸데없는 에너지를 빼앗기게 됩니다.

이번 상황에 대해서 존과 OO 씨 본인들에게 상담을 해 봤습니다. 그들도 모두가 걱정하고 있는 이유를 도무지 모르겠다고 말하고 있습니다. 베스트 세일즈의 형태가 있다면, 일부러라도 베껴야 할 것이라고 말하고 있고, 그들도 우리들로부터 많은 것을 훔칠 작정이라고 공언하고 있었습니다. 실제로 이번의 영화 예고편 같은 무비 프리뷰도 "그대로 베꼈어. 똑같이"라고 말해주었습니다.

히라 님은 "비겁자, 흉내쟁이라는 이상한 소문이 나면 L하우스는 끝입니다."라고 제게 말씀하시지만, 싸고 좋은 집을 세우고 싶어 하는 L하우스의 고객들이라면 웹디자인에 대한 비판 때문에 회사가 망가져 버린다는 것이 오히려 지나친 것이라고 말하지 않겠습니까?

이상과 같은 메일을 미스터 X로부터 받았다. 우리 필자들은 이 때 이 편지를 통해 '억만장자의 커닝페이퍼'에 대한 사고방식이 한층 진보했다고 자신 있게 말할 수 있다. 우리는 지금까지도 미스터 X로부터 온 메일을 자주 읽고 그 때마다 새롭게 다짐하고 있는 것이다.

스트리트 파이터와 싸워 이기는 방법

이 장의 마지막에 다시 정리해 두겠지만 히라의 다이렉트 레스폰스 마케팅DRM에 대한 지식은 보통 수준이다. 평범하게 공부해 온 사람과 같은 수준의 지식밖에 가지고 있지 않은 것이다.

한정성이 필요하다든가 고객의 목소리가 필요하다든가 또는 광고 카피가 있는 것을 아는 정도에 불과하다. 경영컨설턴트 간다 마사노리神田昌典◆ 선생으로부터 특별한 비법을 배운다는 식은 절대 아니다. 그러면 왜 수십만 명이 똑같은 DRM의 노하우를 배우는 데도 불구하고 히라만이 압도적인 성과를 올릴 수 있는 것일까?

그것은 DRM과 정보원을 적절히 조합하기 때문이다. DRM과 정보원을 한 번에 배우면 원래라면 20년에 걸쳐 배워야 할 것을 불과 2년 만에 해치울 수 있게 된다. 조합하는 것만으로도 압도적인 성과를 거둘 수 있는 것이다.

당신은 DRM에 대해 어떤 이미지를 갖고 있는가.

히라의 DRM에 대한 이미지, 그것은 '중량 50kg의 엄청난 무게'로 다가온다.

보통 50kg짜리 칼은 들어 올리는 것만으로도 대단하다. 이것이 솔직히 히라가 DRM을 대하는 이미지 수준이다. 그러면 이를 잘 사용하기 위해서는 어떻게 해야 할 것인가. 칼이라면 매일 휘둘러야 하는

註

◆ 간다 마사노리(神田昌典) 일본 조치(上智)대학 외국어학부를 졸업하고 미국 뉴욕대학에서 경제학 석사와 펜실베니아대학에서 MBA 과정을 밟았다. 컨설팅 회사를 거쳐 미국 월풀사에서 근무, 1995년 월풀사 일본대표를 지냈으며, 1998년 주식회사 알맥을 설립하여 컨설팅 업무를 담당함과 아울러 고객확보 실천모임을 주재, 발족하였다. 2001년 가속학습법을 통해 사회적 리더를 양성하는 러닝 솔루션즈(주)를 설립, 같은 해 9월 미국에서 출간된 가속학습법을 해설한 『지금보다 10배 속도로 책을 읽는 방법』을 번역, 감수하였다. 지은 책으로는 『적은 예산으로 우량고객을 사로 잡는 방법』, 『입소문전염병』, 『조직을 변화시켜라』, 『비상식적 성공법칙』, 『90일 만에 당신의 회사를 고수익 기업으로 바꿔라』 등이 있다.

것이지만 우선은 들어 올려 그것을 붙잡고 있는 것부터 시작해야 할 것이다. 하야시가 연습하고 있는 가라테◆ 역시 마찬가지이다.

가라테를 비디오로 보고 기억한다고 해서 정작 싸움에서 강자가 되는 것은 아니다.

하수라고 염려하고 걱정하기보다는 먼저 정권正拳 단련●을 위해 일만 번을 쳐 보는 것이 중요하고 발차기도 일만 번 해보는 것이 바보같이 단순한 연습이지만 숙달된 선수를 만드는 비결이다.

이런 가라테의 지식을 DRM이라고 한다면 정권 단련과 앞차기를 일만 번 하는 것이 '정보원'에 해당되는 것이다. 그런데 대부분의 사람은 공부하는데 할애하는 시간이 90%라면, 정보원을 만드는 시간은 10%밖에 쓰지 않는다. 완전히 거꾸로인 셈이다.

공부하는데 10%의 시간을 쓴다면, 정보원을 실천하는데 90%를 써야 하는 것이다. 그렇게 하지 않으면 밸런스가 엉망이 되어 버릴 것이다.

DRM을 제대로 활용하지 못하는 사람이 저지르는 실수는 대개 여기서 원인을 찾아볼 수 있다.

DRM의 기본을 배우는 것도 물론 중요하지만 정보원이야말로 90%의 시간을 할애해야 할 중요한 것이라고 기억해 주시기 바란다.

지금부터 재빨리 여러분의 마인드에 깊숙이 각인시켜 두기를 소망한다.

되풀이하지만 DRM에서 알아둬야 할 것은 원칙과 기본이면 충분하다. 히라는 눈 깜빡하는 사이에 억만장자가 되었다. 그런데 히라보다 전부터 큰 돈을 벌고 있었음에도 불구하고 지금도 변함없이 상대적으로 낮은 연봉으로 허덕이는 사람들이 많이 있다. 이들의 차이는 무엇일까? 당신은 이제 그 답을 알고 있을 것이다.

註

◆ **가라테** 空手道(공수도), 무기를 쓰지 않고 신체 각 부위를 이용해 상대방과 겨루는 무술.

● 태권도 등에서 주먹 쥔 손의 손등과 직각을 이루는 네 손가락의 마디 부분.

제5장 스킬업편 - 최초공개

억만장자의
다섯 가지 정보원

● 자 이제 마지막 장이다. 지금까지 '정보원'이 무엇인지, '커닝페이퍼'가 무엇인지는 어느 정도 알아차리셨을 것이라고 생각한다. 이 장에선 한 발 더 들어가서 '정보원'과 '커닝페이퍼'를 최고의 상태로 만들어 보다 앞선 억만장자가 되는 것, 그리고 확실하게 억만장자가 되는 것을 목표로 하고자 한다.

그리고 '정보원'과 '커닝페이퍼'를 완전하게 만들어 내기 위한 방법을 여러분께 체계적으로 설명해 보려고 한다.

신규 사업을 시작할 때 '철저하게 대비할 것'

앞장에서 설명한 기초적인 '억만장자의 커닝페이퍼'를 만들고 이것을 철저하게 행하는 것으로 90% 창업 준비는 끝난 것이다. 여러분도 실행에 옮겨보려면 착실하게 준비를 해 나가는 것만큼 좋은 방법은 없다. 이 때 "날마다 준비가 잘 되어 가고 있어!"라는 현실감이 들도록 해야 한다. 비록 하루에 10분밖에 시간을 할애하지 않더라도 퍼즐을 맞출 때처럼, '한 장 한 장 맞추다보면 언젠가는 반드시 완성할 수 있을 것'이라는 현실적인 목표감이 들도록 해야 한다는 것이다. 기본적으로는 우리들의 신규 사업 준비는 모두 이런 방법으로 행하는 것이다.

예를 들어 하야시가 뉴욕에서 비즈니스를 시작할 때도 먼저 철저하게 다이렉트 메일을 모아 자료를 청구하고 24시간 자신의 주소와 이름을 써 올리는 것을 계속 했다. 그 결과 수천 점의 DM과 광고를 모았더니 각 점포와 기업들로부터 전화 세일즈가 매일 매일 걸려오기 시작했다.

미국은 일본처럼 개인정보를 철저하게 관리하지 않고 있었기에 하야시의 개인정보는 날마다 누군가에게 팔려나갔고 그에 따라 매일 도착하는 DM의 양이 상상을 초월할 정도로 늘어나고 있었다.

그 결과 억만장자로 가기 위한 토대를 완전하게 구축하게 되었다. 그리고 나아가 보다 확실하게 높은 수준의 억만장자를 지향하기 위한 '억만장자의 5가지 정보원'을 만들어 갈 수 있게 되었다. 이 5가지 정보원까지 만들 수 있게 되면 우리들과 똑같은 수준으로 종횡무진 비즈니스를 하고 자연스레 억만장자가 될 수 있게 되는 것이다.

내가 아는 한 이 같은 수단을 공개하고 있는 컨설턴트는 2008년 12월 현재 한 사람도 없다.

이제부터 말하는 것을 능숙하게 제대로만 응용할 수만 있다면 여러분이 속한 조직에서 마케팅을 실천하는 사람들 가운데 단연 우뚝 서게 될 것이다.

왜냐하면 우리들은 이미 그 같은 성과를 내고 있기 때문이다.

그러면 이제까지의 기초적인 '억만장자의 커닝페이퍼'의 이야기를 전제로 하여 말씀드리고 있는 것이기 때문에 앞의 내용을 여러분 스스로도 철저하게 이해해 주셔야 계속 해서 진도가 나갈 수 있음을 기억해 주시기 바란다.

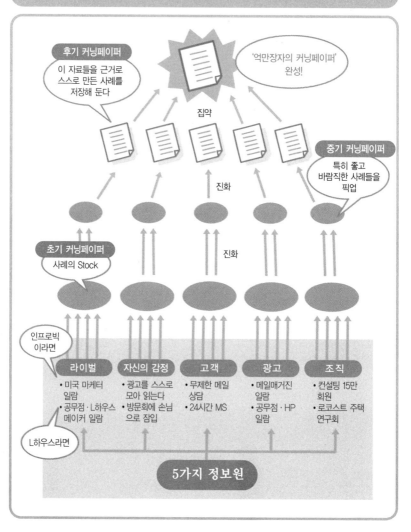

정보원
1

라이벌을 정보원으로 한다

모든 것은 단 한 장의 세일즈 레터로부터 시작된다

정보원에는 다섯 가지 종류가 있다.

· 첫째, 라이벌을 정보원으로 한다.

· 둘째, 자기 자신의 감정을 정보원으로 한다.

· 셋째, 고객을 정보원으로 한다.

· 넷째, 광고를 정보원으로 한다.

· 다섯째, 조직을 정보원으로 한다.

우리들이 지금까지 성공해 온 비밀은 이것이 전부이다. 이 때문에 외워야 할 것도 이것이 모두이다. 다섯 가지 정보원과 다섯 개의 커닝페이퍼를 만들기만 하면 되는 것이다.

이제 첫 번째인 '라이벌을 정보원으로 한다' 부터 설명해 보자.

우리들의 가장 큰 성공요인은 단 한 장의 세일즈 레터, 광고에 있다. 단 한 장의 세일즈 레터를 만들었기 때문에 L하우스의 연매출 10억 엔의 회사가 있고 인프로빅이라는 연매출 10억 엔의 회사가 있는 것이다. 이것은 조금의 거짓말도 과장도 아니다.

제3장에서 완벽하게 만든 상품을 팔아달라고 회사를 찾아왔을 때, 우리들은 80%의 이익을 달라고 거래하러 온 고객에게 이야기했다. 여러분도 기억하실 것이다. 그 때 그것도 단 한 장의 광고로 만들어주는 것으로 80%의 이익을 올리는 것이다.

단 한 장의 광고에는 그만한 가치가 있는 것이다.

L하우스 그리고 인프로빅을 부동의 지위에 올려놓은 것은 이 한 장의 세일즈 레터를 완벽하게 정보원으로 만든 것에 있다. 우리들의 머리로 DRM의 원칙에 따라 이런 레터를 쓰고 있는 것은 결코 아니다. 정보원에 축적된 정보를 근거로 커닝하여 만들어 내는 것이다. 커닝이라고 해서 시험칠 때처럼 훔쳐본다는 이야기가 아니다. 참조하고 훑어보고 학습하여 완전히 내 것으로 만들어 내라는 이야기다.

그리고 정보원을 만들 때 가장 중요한 첫 번째 사안은 '라이벌'이다. 일반적인 정보도 물론 가치가 있지만 특별히 라이벌의 정보는 일천 일만 금의 가치가 있다. 154, 155페이지에 소개했듯이 우리들이 최고의 세일즈 레터를 만들 때 존 리스의 세일즈 레터를 커닝한 것이다.

가장 어려운 시련을 이길 수 있는 것은 최고의 광고밖에 없다

비행기가 사고를 낼 확률이 가장 높은 것은 이착륙 때부터 5분 이내라고 한다. 이것은 창업과 신규 사업을 준비하는 경우도 마찬가지다. 창업 초기는 가장 중요한 시기이다.

왜냐하면 신용도 없고 브랜드도 없고 경험이나 자금도 없어서, 그냥 빈털터리나 마찬가지이기 때문이다. 그런 상태에서 평범한 세일즈 레터를 만든다 해도 잘 될 리 없다. 혹시 몇 푼은 벌지 모른다. 하지만 그것뿐이다. 늘 조금 밖에 벌지 못하기 때문에 계속해서 만들어야 한다. 그런 상태가 계속 되는 것이다. 말하자면 빈곤의 악순환이 되는 것이다.

이를 극복하기 위해 당신이 해야만 하는 것, 그것이야말로 최고의 세일즈 레터를 만드는 것이다. 그러면 최고最高란 무엇인가? 그것은 '최신最新'을 말한다. 왜 최신이 최고인가? 기억력이 좋은 독자분들은 이해하셨겠지만, 제3장에서 이미 서술했듯이 그것이 손님에게 있어서 최초이므로 광고로 인식되지 않기 때문에 최고의 결과를 낼 수 있는 것이다.

우리들이 "최고의 세일즈 레터를 만드십시오."라고 말해도 "그럭저럭 벌기 때문에 더 이상 바꾸지 않겠습니다."라는 사람들이 적지 않다. 어쩌면 이들은 최고의 세일즈 레터로부터 최상의 결과를 얻을 수 있다는 사실을 오해하고 있는 것 같다.

최고의 세일즈 레터를 만들지 않는 진짜 이유는 돈을 벌고 싶지 않은 것이다.

최고의 세일즈 레터를 만들 수 있으면 브랜드, 평생고객, 스테이터스status◆, 신뢰 등 이런 것들이 당신의 것이 되는 것이다.

즉, 앞으로 비즈니스를 하고 있는데다 더 강한 추진력을 얻을 수 있게 되는 것이다. 이것은 현실적으로 엄청난 큰 장점이 된다.

현재 우리들은 긴 문장長文의 세일즈 레터를 쓰지 않는다. 쓰는 경우라도 이전의 세일즈 레터의 형태를 그대로 사용하여 단시간에 완성시킨다. 그것을 보고 어떤 마케터들은 "최근 히라와 하야시 씨의 세일즈 레터의 수준이 떨어졌어."라고 말한다. 하지만 그것은 착각이다. 우리들에게는 이미 브랜드도 있고, 신뢰도 쌓여 있기 때문이다. 그 때문에 한 장의 세일즈 레터가 남들보다 훨씬 많은 것을 거두어들일 수 있는 것이다. 이 때문에 2백만 엔짜리 고액 세미나를 할 때

註
◆ 여기서는 신분, 지위, 사회적 위치를 말한다

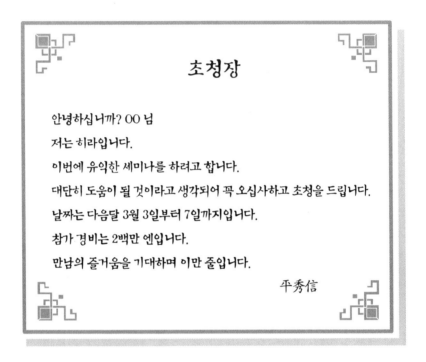

도 이렇게 짧고 간결하게 내 보낸다.

　이런 메일을 쓱 보내기만 하면 되는 것이다. 이것만으로도 참가해
주실 분들이 줄을 서있다.

　이렇게 눈에 보이지 않는 부분의 가치를 모르는 사람은 언제까지
나 '최신' 만을 쫓아다니고 죽어라고 공부를 계속하며 끊임없이 세일

즈 레터를 만들어 보내야만 한다. 그리고 브랜드를 완성하고 전략을 바꾸어 다음 단계로 올라선 사람들을 비난하며 거꾸로 '퇴화했다'고 오도해버린다. 이렇게 표면밖에 보지 못하는 컨설턴트가 우리 사회에는 얼마나 많은지.

최고의 세일즈 레터를 만드는 장점은 그 밖에도 더 있다.

좀 전문적인 이야기를 하자면 광고의 반응률이 높으면 높을수록 많은 매체로의 노출이 가능하게 된다. 실제로 그러하다.

우선 100명이 와서 최소 10개를 파는 세일즈 레터와 100명이 와서 최소 11개를 파는 세일즈 레터가 있다고 가정한다.

이 때 양쪽 다 상품 한 개 단가가 10만 엔이라고 하자.

첫 번째 세일즈 레터는 일본의 경우 광고비 일백만 엔 한도에서 광고매체에 세일즈 레터를 내 보내며 광고를 게재할 수 있을 것이다. 10만 엔짜리 10개는 팔 수 있는 세일즈 레터이므로 광고비 100만 엔을 쓰더라도 어차피 손해는 보지 않는 마케팅이라는 계산이다.

두 번째 세일즈 레터는 110만 엔까지 광고매체에 실을 수 있다. 이

역시 10만 엔짜리 상품을 11개 팔 수 있으므로 110만 엔까지 광고를 집행할 수 있을 것이다.

이 둘의 사소한 금액 차이는 얼마 되지 않아 보이지만 사실 엄청난 것이다. 백만 엔짜리 매체는 백 개 이상 있고, 110만 엔짜리 매체도 또 백 개 이상이나 있을 것이기 때문이다. 광고를 보도록 할 수 있는 사람들의 숫자는 불과 1%의 반응률 차이라도 두세 배로 늘어난다. 그러므로 좋은 매체일수록 반응률도 크게 좋아지는 것이다.

이 때문에 최초의 상품으로 최고의 세일즈 레터를 만들고 최대한 반응률을 높이기 위하여 가능한 많은 사람들에게 세일즈 레터를 보게 하려는 것이며 메일 주소를 받아 회사의 고객으로 만들려는 것이다. 영업의 첫 단계에선 이것이 가장 중요한 일이다. 여기까지 달성되면 이미 1억 엔, 2억 엔의 수입이 눈에 보이게 된다. 더구나 백만 엔과 2백만 엔을 안정적으로 버는 것은 일도 아니다.

DRM의 법칙에서 가장 중요한 과제는 '리스트를 거두어들이는 것'이라는 말을 꼭 기억하라.

매상만을 보면 절대 실패한다. 그런 것만 좇다 보면 한평생 아득바득 고생만 할 수밖에 없다. 억만장자가 되고 유유자적하게 비즈니스를 하기 위해서라도 '최고'를 지향해야 한다.

그러기 위해서는 지금 시점에서 어느 만큼 노출시킬 수 있을 것인 가가 포인트이다.

격언으로 다시 한 번 상기하자면 "시작이 가장 중요하다"는 것이다. 처음에 이상한 것을 만들어 버리면 그 이미지가 평생을 따라 다니게 된다. 히라가 처음에 최고의 것을 만들려고 한 것을 이제 이해할 수 있을 것이라고 생각한다. 우리들이 최고의 세일즈 레터를 만들기 위해 활용한 것이 라이벌의 정보원이다. 더구나 단순한 라이벌이 아니다. 전 세계에서 가장 앞서가는 미국의 마케터가 라이벌인 것이다.

구체적으로는 어떤 것인가. 이 책 49~50페이지의 리스트가 그것이다. 그것이 우리들의 톱시크릿, '아메리카 마케터의 극비 정보원 리스트'의 일부이다.

우리들은 오백만 엔 하는 마케팅 교재도 팔고 있지만 그 속에서조차도 한 번도 공개한 적이 없는 정보원이 이것이다. 우리들은 미국 마케터의 정보를 근거로 최고의 세일즈 레터를 만들어 매상을 올리고 있다. 그것이 우리들의 최대의 특징이고 최대의 강점이기도 하다.

A4 사이즈의 리스트 몇 장이 우리들 본래의 정보원이고 가장 성과를 내고 있는 것으로 평가 받고 있다.

이미 있는 정보로 100% 억만장자가 될 수 있는 이유

그러면 우리들에게 있어 최고의 정보원이 왜 미국인 것일까. 물론 우리들 일본 내 광고도 정보원으로 쓰고 있다. 하지만 '여기가 승부처다' 라고 생각될 때는 대부분 미국의 정보원을 활용하게 된다.

그 이유는 미국이 마케팅 분야에 있어 일본보다 20년 앞서가고 있기 때문이다. 앞서가고 있다는 의미는 이미 여러 가지 시행 착오를 수도 없이 겪어 봤다는 것이다. 대단히 머리가 좋은 마케터와 기업가들이 현장에서 세일즈 레터의 효능을 체크해 보았고 이런저런 요소를 넣어 반응률이 올라가는지 내려가는지 등을 20년 동안 시행 착오를 거쳐 왔다는 것이다. 그 '20년의 축적된 경험' 전체가 미국의 강점이며 그 결과로 나타난 것이 미국의 마케터들이 사용하고 있는 세일즈 레터라는 것이다.

우리들이 새로운 것을 고안해 냈다고 생각해도 대개는 미국이 이미 시도해 본 것들이다. 이 때문에 우리들은 그들의 정보원을 사용하여 매출을 올리는데 집중하면 불가피한 투자와 노력을 줄일 수 있다. 자신들이 아이디어를 생각한 것이 아니라 정보원으로부터 정보를 얻어내어 그것으로 돈을 번다는 것이다. 여기까지 읽은 독자 분들 가운데 이미 힌트를 얻은 분도 있을지 모르겠다.

그렇다. DRM은 '무역'처럼 보이는 것이다. 교재로 원칙을 확실하게 배우면 효과가 나올 것이라고 생각할지도 모르겠지만, 사실 전혀 그렇지 않다. 무역이라는 것은 가격의 격차를 이용한 상거래이다. 이쪽에서 싸게 구입하여 저쪽에서 비싸게 팔아 치운다.

이것이 무역이다. DRM에서 성과를 올리고 있는 사람도 대개는 이 법칙에 따라 이익을 내고 있을 뿐이다. 결국 진보의 격차를 이용하고 있는 셈이다.

마케팅의 원칙에 따라 고객의 마음을 잘 붙잡고 있기 때문에 이익을 내고 있는 것이 아니라는 말이다. 저 쪽에서 20년 앞서가고 있는 것을 뒤처져 있는 우리들에게 가져 옴으로써 성과를 낼 수 있는 것이다. 이것은 상당히 고차원적인 정보원의 활용법이므로 금방 적용하기에는 어려울 수도 있다. 하지만 이 감각을 꼭 기억해주기 바란다.

상품 자체보다도 세일즈 레터에 모든 가치가 있다

정보원 리스트 이야기로 돌아가 보자. 여기서 또 한 가지 상식을 뒤엎는 이야기를 해보자. 정보원을 만들 때 마케팅 학습 교재를 살 필요는 없다. 컨설턴트로부터 노하우를 살 필요도 없다. 보통의 중요한 노하우와 정보라면 상품 속에 이미 모든 것이 써 있을 거라고 생각해 버린다. 하지만 그것은 착각이다. 가치가 있는 노하우와 정보는 모두 세일즈 레터에 쓰여 있다.

스승을 넘어서면 안 된다고 말한 적이 있는데 그런 사고방식과 똑같이 특정한 사람의 상품을 사기보다 열 명의 세일즈 레터를 열 번 읽는 편이 정보원이란 측면에선 훨씬 더 진화하는 것이라고 말할 수 있다.

미국과 일본의 마케터가 무엇에 가장 주력하고 있는가를 생각해

보라. 세일즈 레터와 상품 과연 어느 쪽일까. 미국의 톱 마케터에게 들은 적이 있었는데 어떤 마케터도 대략 8대 2 수준이라고 한다.

세일즈 레터에 80%의 힘을 쏟고 있다고 하면 상품에는 겨우 20%의 힘을 쏟는 것이다. 당연한 일이다. 팔지 못하면 아무리 상품이 좋아도 의미가 없기 때문이다. 결국 80%의 노하우는 상품이 아니라 세일즈 레터에 포함되어 있는 것이다.

이렇게 말하면 상품을 팔 수 없게 되어 버릴지도 모르므로 큰 소리로 당당하게 말하긴 어렵지만 우리들의 경우도 똑같다고 할 수 있다.

억만장자가 되기 위해 중요한 모든 노하우는 세일즈 레터 속에 다 포함되어 있다. 돈을 벌기 위해서는 어떻게 하는 것이 좋을 것인지 그 원칙은 대개 모든 세일즈 레터 속에 들어 있는 것이다.

때문에 DRM의 기초적인 힘만 있다면 상품 그 자체보다도 세일즈 레터를 읽는 편이 얻을 것이 많다. 그런데도 보통 사람들은 거꾸로 일을 한다. 상품을 팔고 나면 대부분의 사람은 세일즈 레터나 광고는 쳐다보지도 않고 잊어버리는 것이다.

생각을 바꾸는 것으로 세상의 모든 것이 달라 보인다

중요하다고 생각하여 귀중하게 보관해 온 보석이 사실은 쓰레기였다고 한다면 우리는 얼마나 허망할 것인가. 이제부터는 상품을 사고 싶다고 생각할 때 세일즈 레터를 분석하는데 보다 힘을 기울이도록 사고방식을 바꾸어 주시기 부탁드린다.

세일즈 레터의 어떤 부분을 눈여겨 볼 것인가

그러면 구체적으로 정보원의 세일즈 레터를 어떻게 활용하면 좋을까. 이것은 미국의 정보원을 활용할 경우와 일본의 정보원을 활용할 경우가 다 똑같다. 처음에는 눈에 띄는 부분만 보면 된다. 그리고 신경이 쓰였다든지 좋았다든지 하는 부분을 기록해 둔다. 영어라서 이해되지 않는 부분이 많겠지만 그런 부분은 그대로 두어도 상관없다. 미술작품을 감상하는 것처럼 하면 된다.

단, 좋은 작품을 보고 있으면 결과는 좋게 나온다는 것을 믿어라. 히라는 지금까지도 영어는 전혀 이해하지 못하지만 그럼에도 미국 마케터의 세일즈 레터를 누구보다 잘 읽고 있고 상품을 잘 팔고 있다.

정보원은 시간여행을 가능케 한다

정보원의 활용 방법은 이것뿐만이 아니다. 시간여행이 가능하게 된다.

누구라도 한 번쯤은 "과거로 시간여행을 할 수 있다면 신문 DB를 뒤져 기억해둔 일등짜리 로또복권을 사서 1억 엔을 타면 얼마나 좋을까?"라는 생각을 해 보았을 것이다. 보통 사람들은 생각에 그치지만 사실 그 이야기가 현실로 이루어 질 가능성이 있다. 바로 정보원이 그것을 가능케 하는 것이다.

미국의 마케터와 기업가들은 일본보다 20년은 앞서가고 있다. 사실 그들이 지금 활용하고 있는 마케팅 기법은 지금 일본에서는 사용되지 않고 있는 것이다. 그런 것은 미국이라는 특수한 환경에서 나오는 것이라고 생각하는 사람이 있을지 모르지만 일본에서 얼마든지 통용이 가능하다는 점을 기억할 필요가 있다.

업계 중에는 반드시 10년을 앞서가는 선구적 기업이 있다. 우리들이 실제로 분석하고 있는 귀중한 정보원의 한 예를 들어보자.

통판通販생활◆, 베네츠세進研ゼミ●, 유캔★, 오잇식스■, 쟈파넷▲…

얼마든지 있다.

고객의 소리를 활용하는 방법, 상품을 보여주고 캐치 카피를 자연스레 쓰는 방법 등에서 이들 기업은 일반적인 기업보다 10년 이상 앞서고 있다.

'DRM의 스승' 이라고 불리는 우리들도 혀를 내두를 정도다. 이들 기업을 매일 5분간씩 체크하는 것으로 우리들은 그 기업의 5년 후와 10년 후의 미래를 상상이 아니라 실물로 보고 있는 것이다.

3년 후 5년 후를 실물로 볼 수 있는 시스템을 갖지 못한 사람의 미래는 위태롭다. 대개 유추하건대 지금 현재 DRM을 사용하여 활동하

註
- ◆ 일본 최대의 통신판매회사
- ● 신켄제미(進研ゼミ) – 소학생, 중학생, 고교생 대상의 가정 학습, 통신교육 프로그램.
- ★ 통신교육강좌 이름
- ■ 일본의 유기농야채 배송업체
- ▲ 일본명으로 ジャパネット(쟈파넷토)이다. 쟈파넷은 사장인 다카타 씨가 일본 정규 TV방송사에 직접 출연하여 상품 설명을 하는 것으로 유명하다. 모든 제품에 대해서 사장이 직접 브라운관을 통해 설명을 한다.

고 있는 중소 정보기업가와 마케터는 5년 후에는 8할 정도는 사라지고 없을 것이다. 단연코 장담할 수 있다. 왜 그럴까? 독자 여러분은 이미 이해하실 것이다. 미국에서 실제로 이런 일이 일어나고 있기 때문이다. 우리들의 5년 후 10년 후의 미래를 어떻게 예측하고 대책을 세워 나갈 것인가 그 부분에 이제 이야기를 집중해 보자.

한 마디로 말하자면 이제부터는 쟈파넷의 시대가 될 것이다.

DRM이 10년 정도 전에 일본에 도입된 이래 카피 하나로 수백만 수천만 엔의 매상을 올리는 일이 벌어지곤 했다. 실제로 상당한 성과를 거두었던 것이다.

그러나 이제까지 홈페이지를 만들어 상품을 팔고 DRM에 근거해 광고를 만들어 상품을 팔며 팩스용 DM을 보내 매출을 올리던 시대는 지나갔다. 왜냐하면 지금부터 10년간은 문자가 아니라 음성화와 비디오화가 필수적이 될 것이기 때문이다.

당신이 그리고 당신의 고객이 영상을 통해 전면으로 나서지 않으면 안 되는 시대가 오고 있는 것이다.

능숙한 문장을 쓰는 것과 남들 앞에서 능숙하게 이야기는 것은 서로 상당히 다른 재능을 표현한다. DRM의 이론은 하나부터 열까지 착실하게 연구해 볼 필요가 있다. 사실 이 노하우를 최강으로 쓰고 있는 곳이 TV홈쇼핑이다. 심야에 방송하고 있는 것을 보면 언제나 똑같은 구성의 프로그램을 내보내고 있다고 생각할지 모르지만, 그것이야말로 이제부터 당신에게 DRM의 표준이 될 것이다.

즉 당신이 TV홈쇼핑에 출연하여 쟈파넷의 다카타 씨처럼 말하고 상품을 파는 시대가 되어 갈 것이다. 카피라이팅과 세일즈 레터도 물론 중요하지만 최종적으로는 카메라 앞에 서서 말하는 형태가 될 것이라는 것은 미국의 정보원을 보고 있으면 알 수 있는 일이다.

히라는 현재 Kiten輝点이라는 통신 판매회사에서 TV홈쇼핑을 주로 하고 있다. 이 회사는 즉흥적으로 시작한 것도 아니고 돈을 벌자고 막 시작했던 것도 아니다. 5년 후 10년 후에 영상시대가 될 것이라는 사실을 정보원을 분석해 보고 알게 되었기 때문에 미리 준비하는 차원에서 시작한 것이다. 거기서 얻을 수 있는 노하우를 미리 다 배우기 위해서였다. 여러분은 이 노하우를 알고 싶지 않은가.

그러나 이것을 사는 것은 이미 의미가 없다. 그런 정보를 판다는 것은 이미 당신도 알고 있을 확률이 높다는 것이다. 그러므로 여러분이 스스로 정보원을 만들어야 한다.

· 방송되고 있는 TV홈쇼핑 프로그램을 모두 녹화하고 봐 둔다.
· 가능하면 미국에서 방송하고 있는 TV홈쇼핑을 봐 둔다.
· 문자로 나타내 보고 시험 삼아 스스로 몇 번이나 읽어본다.
· 자신이 팔고 싶은 상품에 걸맞게 30분용 판매원고를 만들어 본다.

이 만큼의 정보원을 만들어 기초를 튼튼히 하려는 노력을 기울이지 않으면 매뉴얼을 사더라도 당장 활용할 수도 없다.

또 TV홈쇼핑이나 어디에서나 마찬가지인데 만약 당신이 무엇을 꼭 하고 싶다고 하면, 즉 일년 정도는 어떤 주제에 몰두하고 싶다고 한다면 앞에서 언급한 수순으로 우선 자신의 정보원을 만들어 두어야 한다. 그렇게 하지 않으면 매뉴얼이 있다고 해도 사용할 수 없게 될 것이다.

세일즈 레터가 앞으로 어떻게 발전해 나갈 것인지 주의 깊게 살피시기 바란다. 가장 중요한 것은 10년 후에 어떤 것이 필수가 될 것인가를 지금 시점에서 이해하는 것이다.

1년 정도 하고 사업을 그만 둔다면 관계없겠지만 지금 사업을 10년, 20년 계속하려면 이렇게 앞을 내다보는 훈련이 반드시 중요하다.

10년 후에 자기 자신이 어떻게 되어 갈 것인가

이것을 늘 실물로 볼 수 있는 '커닝페이퍼'를 준비해 두면 그만큼 걱정은 줄어 들 것이다.

히라 히데노부가 억만장자가 된 진짜 이유
– 좀 더 이익률이 높은 곳

여기서 히라가 억만장자가 될 수 있었던 가장 큰 이유를 이야기 해 보자. '이제부터는 영상이다. 문자시대로는 곤란하다' 는 이야기를 계속해 왔다.

이 이야기를 했을 때 대부분의 제자들 반응은

"그렇다고 해도 어떻게든 영상전성시대가 되겠지만 문자시대에 맞

는 상품도 또 그 업계도 완전히 없어질 것 같지는 않습니다. 그것만
으로도 수천만 엔씩 벌 수 있을 것 같은데요."
라는 식이었다.

히라는 문자시대에 맞춰서 살면 안 된다고 이야기하고 있는 것은
아니다. 하지만 지금 현재도 문자만을 잘 활용해서 돈을 벌고 있는
마케터와 CEO들이 사회적으로 제대로 인정받고 평가받는 시대는 아
니다. 작은 업계에서 모쪼록 힘을 다해 한 건씩 하는구나 라는 정도
밖에 인식되고 있지 않다. 사회적으로 앞서가는 실력 있는 사람으로
부터는 그다지 인정받고 있지 못하고 있는 것이다.

그렇다면 히라는 왜 그렇게 잘 나가는 사람들 모임에 들어가는 것
을 허락받고 상장기업과 일본 톱 클래스 경제인, 화교 출신의 대부호,
유태인 부자들과 대등 이상의 관계로 어울릴 수가 있는 것일까. 그것
은 히라가 상대의 대화속에서 DRM을 활용할 수 있기 때문이다.

파티에서 만난 사람이든 거래처나 출판사의 미팅에서든 상장기업
사장과 만나 이야기를 하고 있든 간에 그는 늘 DRM을 사용할 수 있

기 때문에 그들로부터 인정받고 있는 것이다.

사람들은 눈앞에 있는 사람 그 자체를 보고 그 사람의 능력과 재능을 평가한다. 복장이라든가 헤어스타일 등 외형도 중요하지만 그가 무엇을 말하는지 어떻게 말하는지에 더 신경을 쓴다. 문자로 써진 것에 신경을 쓰는 것이 아니라는 말이다.

여기서 'DRM을 쓰거나 쓰지 않거나 하는 것은 언제일까?'

과연 언제 DRM이라는 카드를 꺼내 쓸 것인가? 이것은 눈앞의 한 사람의 키 맨을 자신의 사람으로 만들기 위해 DRM을 쓰는 것이다. 이것이 DRM의 궁극적인 활용 방법이다.

그런데 이것은 어디까지나 '최종적인 목표'이므로 지금 당장은 기초를 튼튼히 하는 것이 중요하다. 언제 어디서고 DRM을 꺼내 활용할 수 있도록 하는 것이 중요하다는 말이다. 검객이 칼을 언제 결정적으로 쓸 것인가? 그가 꼭 이겨야 할 때 칼을 꺼내 휘둘러야 할 것이 아닌가. 그렇게 마음대로 자신의 칼을 쓰기 위해 그는 평소에 자신의 체력을 키우고 검도를 단련하여야 한다. DRM도 마찬가지다.

최종 목표가 명확하게 보일 때 꺼내 쓰는 노력과, 보이지 않는 상태에서 꺼내 연습해 보는 노력은 100배 이상 효과에서 차이가 날 것이다. 그러니 함부로 쓰지 말고 우선은 늘 그런 의식을 갖고 준비하는 자세가 좋을 것이다.

잠시 이야기가 빗나갔지만 세일즈 레터에 대해서는 더 이상 할 이야기가 없다. 이 정도로 세일즈 레터의 전략과 실천 형태는 충분할 것이라고 생각한다.

우선 이제까지의 스텝을 잘 살펴 준비하는 것만으로도 '잘 팔 수 있는 형태'는 충분히 완성할 수 있다. 그렇게 되면 어떤 테스트를 받더라도 늘 70점은 받을 수 있는 상태가 된 것이다. 70점이면 괜찮은 점수가 아닌가.

그러면 세일즈 레터 속에 당신의 혼을 담아 100점, 150점의 최고의 광고를 만들어내려면 어떻게 해야 하는지를 이야기해 보자.

그 대답은 남아 있는 4가지 '정보원' 속에 있다.

정보원

2

자신의 정보를 정보원으로 한다

교재를 읽고 당신의 감정을 1㎜나 움직일 수 있는가

'지피지기면 백전불패'라고 한다. 이 손자병법의 가르침은 비즈니스에 있어서도 유효하다. 하지만 제대로 활용하고 있는 사람은 의외로 드물다. '억만장자의 커닝페이퍼' 프로그램에서는 자신을 어디까지나 깊이 알아가는 것을 계속하고 자기 자신조차 정보원으로 철저히 만들어가는 것이 필요하다. 자신을 모르는 사람은 결코 남을 움직일 카피를 쓸 수 없으며 제대로 된 상거래도 할 수가 없다.

자신의 감정을 정보원으로 한다는 것은 의외로 어렵다. 왜 그럴까? 교재가 당신들에게 강하게 영향을 미치고 있기 때문이다. 그렇다. 당신이 가진 최대의 문제점은 '배우려고 한다'는데 있다.

흥미 깊은 숫자

과거에 우리들이 컨설팅 서비스를 막 시작했을 무렵 100페이지 정도의 매뉴얼을 '고객 모집 마스터팩'으로 판매한 적이 있었다. 지금 돌이켜 보면 상당히 심플한 내용으로 꼭 필요한 최소 한도의 것만 채워놓은 학습 교재였다고 생각된다.

그에 대해 지금의 메인 교재인 '밀리오네어 마케팅 시스템'은 DVD 10개로 10시간 정도 분량이다. 매뉴얼은 4권이며 1,000페이지에 가깝다. 상당한 분량의 교재다.

그런데 의외로 성공한 사람을 많이 배출하고 있는 것은 지금 매뉴얼보다 과거의 고객 모집 마스터팩이다. 시대적인 배경과 구입자 층의 차별 등의 격차도 있지만 그것을 고려한다 해도 전자가 훨씬 성공한 사람을 많이 배출했다는 것은 놀라운 일이다.

왜 이같은 일이 일어나고 있을까? 그 원인은 얇은 교재를 산 사람은 자신을 정보원으로 활용하는 데 반해 두꺼운 교재를 산 사람은 자신보다 책에 의존하는 경향이 있기 때문이다.

결국 얇은 교재를 구입한 사람은 사례 같은 것도 최소한만 실려 있으므로 결국 스스로 자료를 모으게 되는 것이다. 자료를 자신의 손으로 청구하고 그 자료가 일주일 후에 자신의 집 우편함에 들어와 있는 것을 발견하고서는 "음~ 이렇게 되어 있군. 재미있는 걸"이라고 느끼는 사람과 그렇지 않은 사람의 차이를 생각해보라. 두꺼운 교재를 구입한 사람은 웬만한 모든 것이 다 실려 있으므로 일단 책만 들여다 보면 된다고 생각하여 교재만 몇 번씩 되풀이해서 공부하는 방식을 취한다. 아무런 감정도 실려 있지 않은 흑백의 광고가 가득한 광고지를 몇 번씩이나 살펴보고 분석하는 것이다.

양자의 차이를 이해할 수 있는가.

정보를 스스로 모은 사람은 자료를 청구할 때의 두근거림과 우편함에서 DM을 찾아 읽는 즐거움, 그리고 그 DM을 어떻게 할 것인지 순간적으로 망설이는 감정, DM을 열었을 때의 감정, 이 모든 것을 체험하고 있다.

교재만 죽어라고 공부한 사람은 도대체 그런 감정은 있을 수 없다. '이 광고에 포함된 마케팅 요소는 이것 이것이다'라고 그저 암기식으로 나열만 하고 있을 뿐이다. 이것으로는 어림도 없다. 이것으로는 사람을 감동시키거나 자기가 찾아낸 DM을 들여다보며 궁리하고 무엇이 좋고 무엇이 나쁜지를 제대로 살피는 것은 애초에 불가능하다. 그냥 책에서 얻은 것이기 때문에 그만큼 소홀해지는 것이다. 이것은 TV모니터 속의 여성과 실물 여성만큼의 격차가 있다.

DRM은 감성 Emotional 마케팅이라고도 부른다. 사람의 감정을 자극함으로써 효과를 발휘하는 마케팅이다. 그러니 DRM을 한다면서 자신의 감성을 전혀 움직이지 않고 잘 될 턱이 있겠는가.

스텝 메일이든 세일즈 레터이든 상품이든 다 마찬가지이다. 공부한다는 것은 어디까지나 2차적인 목적이다. 가장 중요한 것은 그 공부를 통해서 어떻게 하면 자신의 감정을 담아내는가. 그리고 그 체험을 바탕으로 DRM을 통해 만나는 사람들의 정서적 공감대를 만들어 내는가에 있다.

자기 자신의 감정을 정보원으로 한다 - 모든 정보원을 만들 때 필요한 것으로 이것을 유념해 두기 바란다. 당신이 반드시 해야 할 것을 정리하면 다음과 같다.

· 사례는 자신의 손으로 수집한다.
· DM과 세일즈 레터, 판촉 메일이 도착할 때 어떻게 느꼈는가를 메모해 둔다.
· 상품을 사고 싶다고 생각할 때 자신이 왜 그 같은 감정을 가졌는지 메모해 둔다.
· 영화와 TV, 소설에서 감동을 받으면 왜 자신이 거기에 감동했는지를 메모해 둔다.
· 희로애락의 감정이 들 때 왜 그런 감정이 들었는지 메모해 둔다.

이런 것을 평상시부터 꼼꼼하게 기록해 가는 것이다.

실제 우리 회사의 사원들은 평상시에도 이것을 철저히 시행한다.

그리고 실제로 활용하고 놀랄만큼 압도적인 성과를 거두어들이고 있다. 물론 이 방법만이 최고라고 말하기는 어렵다.

어떤 컨설턴트는 레스토랑에 가도 좌석 수, 객단가, 좌석의 회전 수, 아르바이트생의 숫자와 인건비 등을 분석하여 늘 직원들의 동선 시뮬레이션을 게을리 하지 않는다. 그도 컨설턴트로서는 유익한 어드바이스를 할 것이고 창업을 하면 성공을 할 확률도 높을지 모른다. 그런 방법도 있기는 있다.

단지 그런 방법을 우리들이 취하지 않는 것은 다 이유가 있다. 우리들이 5가지 정보원을 활용하여 비즈니스를 행하는 목적은 단순히 돈만 벌자고 하는 것은 아니다. 돈을 벌어서 억만장자가 된다는 것은 최소한의 목표이다.

우리들이 목표로 하는 것은 감정을 풍부하게 발휘하고 즐기면서 억만장자가 되자는 것이며 죽을 때까지 영원히 성장을 계속하려는 것이다. 그러기 위한 방법으로 생각한 것이 이 5가지 정보원과 '억만장자의 커닝페이퍼' 라는 사고 발상인 것이다.

어떤 방법으로 비즈니스를 행할 것인가는 사실 당신이 하기 나름이며 선택하기 따름이다. 그러나 그 방법대로 당신 인생의 방향성과 라이프 스타일도 결정되어버린다는 것도 또한 사실이다.

독자 여러분이 잘 유념해 두셔야 할 사안인 셈이다.

정보원

3

고객을 정보원으로 한다

우리가 철저하게 대 고객 서포트를 하는 숨겨진 이유

다음의 정보원은 바로 고객이다. 우리들이 억대를 벌기 위해 만들어가고 있는 정보원은 고객 그 자체이다. 그러면 과연 '고객을 정보원으로 둔다' 는 것은 어떤 것을 말함일까?

결론부터 말하자면 고객의 기분을 이해한다는 것이다.

여기서 기분이란 구체적으로는 고객의 고민, 불안, 문제점 등을 말하는 것이다. 당연하게 생각할지 모르지만 사실 이것을 예측하기란 상당히 어려운 것이다. 물론 누구라도 어느 정도의 불만과 고민 등은 다음처럼 막연하게는 예상할 수 있다.

"고객님은 이런 것으로 고민하고 계시군요."
"고객님은 우리 상품에 대해 이렇게 생각하고 계시는군요."

그러나 이런 막연한 수준으로는 정보원의 역할과 기능을 기대하기 어렵다. 우선 유념해 주셔야 할 것이 있는데 그것은 고객의 기분을 손에 잡을 듯이 알아차리고 곧바로 영업으로 연계할 수 있어야 한다는 것이다.

구체적으로는 철저하게 고객의 질문에 대답하는 것이다.

예를 들자면 많은 정보업계 창업자들의 경우, 고객으로부터 질문을 받고도 거의 응답하지 않는다. 이렇게 단정적으로 이야기할 수 있는 것은 하야시가 리서치를 위해 상당한 수의 상품을 실제로 구입하고 난 뒤 그들에게 질문을 던져보았기 때문이다.

"이 교재를 샀습니다만, 사용 방법은 이런 것이 더 낫지 않겠습니까?"라는 질문 메일을 보냈음에도 90% 정도는 묵묵부답이었다.

의식이 없는 사람이라면 몰라도 이런 식으로 나태하게 대응하면서 돈 벌기를 기대하는 것은 무리라고 생각된다.

이와 반대로 우리는 철저하게 고객에게 대응하고 있다. 친절하고도 정중하게 24시간 대기 상태로 있는 것이다. 왜 그래야 하는가? 우리는 앞에서 본 사람들보다 더 나은 점도 없을 뿐더러 이익을 무시하고 사회에 공헌하겠다는 애국심으로 뭉친 것도 아니다. 이렇게 고객에게 철저하게 대응하는 것이 장기적으로 기업의 이익을 높인다는 것을 알게 되었기 때문이다.

그러면 '철저하게 대비한다'는 것이 과연 어떤 것일까? 구체적으로 어떻게 해야 고객에게 철저하게 대비할 수 있을까?

여기서 알아두어야 할 단 하나의 법칙은 바로 하나뿐이다.

마케팅을 어느 정도 공부한 사람이라면 누구라도 알고 있는 법칙, 즉 '퍼스널라이즈personalize'이다.

최강의 마케팅 법칙 '퍼스널라이즈'

DRM의 법칙에 '퍼스널라이즈'가 있다. 여기 이 법칙은 '퍼스널라이즈를 하면 할수록 고객은 반응해 준다'는 것임을 보여준다. 퍼스널라이즈는 '개인화' '인격화' '의인화'라는 뜻을 가지고 있다. 무슨 말이냐 하면, 예를 들어 고객이라는 말보다는 '당신'이, '당신'보다는 'OO님'이라는 식으로 특정한 이름으로 한정해 주면 줄수록 고객의 만족도가 높아지고 구매력도 높아진다는 것이다.

이미 우리들은 누구라도 당연한 듯이 메일 본문 속에 고객의 성명을 넣은 메일을 보내도록 하는 메일 발송 시스템을 활용하고 있지 않은가.

나아가 "변비로 고생하는 분들에게"라고 쓴다면 보다 구체적인 대상이 정해지는 것이다. 100명 가운데 최소한 몇 명 혹은 몇 십 명이 이 메일을 보고 가슴이 철렁하거나 아니면 '옳거니'라고 반응할 수 있을 것 아닌가.

또 "노년의 검버섯으로 고민하는 분들께 감동을 1초라도 더 빨리 전해드리고 싶습니다."

208

이런 광고 문안이라면 얼마나 더 가슴에 와 닿을 것인가.

이렇게 특정한 메시지를 전달하는 것은 DRM에서 효과적인 마케팅 방법의 하나로 꼽히고 있어 적극 권하고 싶은 기법으로 추천하는 것이다. 그 밖에 '직접 손으로 써 보내는 수기手記 메일'을 보내는 등 퍼스널라이즈하여 보내는 다양한 기법들이 있을 수 있다.

최고의 퍼스널라이즈로 반응률을 1,000배 높이는 방법

손으로 직접 써서 보낸다 해도 그 정도로는 최고의 퍼스널라이즈를 했다고 하기 어렵다. 많은 사람들이 보고도 놓쳐버리는 경향이 있는데 궁극적으로 퍼스널라이즈가 잘 된 문장, 각기 한 사람의 고객에게만 써 보냈을 것 같은 최고의 감동적인 문장을 고객에게 보내고 최선의 효과를 거둘 수 있는 방법이 사실 있기는 하다.

그것은 많은 사람이 모르는 중에 버려버리거나 소홀한 가운데 놓쳐버리는 것이기도 하다. 그렇다. 그것은 "고객의 질문에 대답한다"는 것이다.

뭐가 그리 쉽고도 싱거운 것이냐고 물을지도 모르겠지만 이것은 가장 퍼스널라이즈된 정확한 응답이며 고객맞춤형 대답이다.

자신이 질문한 것에 대답한 메일이야말로 언제나 자신의 이름이 들어 있고, 자신의 기분에 대한 응답이 들어 있을 것 아닌가. 이 이상 퍼스널한 응답 메일이 어디 있을까?

메일 문장 속에 고객의 이름을 파묻어 버린 채 "○○한 당신에게 긴급 메시지를 드립니다."라고 해 봐야 그런 식의 눈속임 같은 마케팅에 누가 대답이라도 해 줄 것인가?

실제 상품 판촉 때도 그렇지만, 그 상품에 대해 뭔가 질문해 온 고객에게 회답해 주었을 경우 그 사람은 보통 고객들보다 10배 정도 구입해 줄 확률이 높아진다. 그리고 몇 번이나 상품을 구매해 줄 재구매 고객이 되어줄 가능성도 대단히 높은 것이다.

때문에 우리들은 고객의 질문을 무시하지 않아야 함은 물론이고 어떻게 하면 고객의 질문을 늘려갈 것인가를 늘 고민하고 연구해야만 한다.

블로그의 코멘트(댓글)에 대해서도 히라는 한 건 한 건 정성스레 회답하고 있다. 어느 때는 하나의 기사에 대해 5만 명 정도가 읽었고 그 가운데 1천 명 정도가 댓글을 달아 준 적이 있었다. 그러자 히라는 "히라 히데노부의 무제한 메일 상담 시스템'이라는 서비스를 월 1만 엔으로 시작하게 되었다.

사실은 무료로 해도 좋지만 무료라면 아무도 제대로 상담해 줄 것 같지 않은 기분이 들게 되므로 일부러 유료화한 것이다.

이같이 고객의 질문을 받는다는 것은 최고의 퍼스널라이즈이고 그것만으로도 이익으로 이어질 수 있는 것이다. 단, 이것은 어디까지나 부차적인 데 지나지 않는다는 것을 기억하시기 바란다.

기업의 고정 고객이 되어 주는 등 상당히 많은 이익을 가져다주겠지만 그것도 역시 부수적인 데 지나지 않는 것이다. 고객을 정보원으로 한다는 이야기는 이렇듯이 여러 가지 변수와 깊은 이해관계가 깔려 있는 것이다.

고객의 질문을 많이 받고 모아서, 고객의 기분을 이해하려는 진짜 이유는 무엇일까? 그것은 한 통의 메일, 그리고 한 통의 세일즈 레터를 쓰기 위한 것이다. 여기에 최대의 캐시 포인트가 있는 법이다.

이제까지 소개한 정보원으로 돈을 벌고 이익을 내기 위해 약 70% 정도의 형태는 만들어 놓은 셈이다. 이제 최후의 장치를 할 때가 되었다.

이 70%의 좀 부족한 시스템에 추가해야 할 마지막 장치, 즉 혼을 불어넣어 정말 제대로 된 기업으로 가기 위한 장치는 고객의 기분과 기업을 운영하는 내 기분을 맞춰내는 것이다.

히라와 하야시가 한 통의 메일, 한 통의 세일즈 레터를 쓸 때 유일하게 사용하는 재료, 그것은 고객으로부터 온 질문 메일을 인쇄한 것이다. 고객분들로부터 온 질문 메일 모두를 몇 번이나 읽으면서 그 모두에 대답하는 한 통의 회답 편지를 쓰는 기분으로 한 통의 메일을 써서 만들어 보게 되었던 것이다.

보통이라면 수천 명의 고객에 대해 개별적으로 회답해야 하는데 그런 기분을 바탕으로 모든 질문에 대한 한 통의 회답 메일을 쓰는 것이다.

이것이 판촉 메일, 그리고 세일즈 레터를 쓸 때의 궁극적인 방법이다.

실제로 여러분도 해 보면 알겠지만 이것은 대단히 반응률이 높은 문장을 쓸 수 있게 한다. 과장도 허세도 부리지 않고 한 통으로 수천만 엔, 수억 엔의 돈을 벌어주는 메일을 쓸 수 있게 되는 것이다. 더구나 단시간에 특별한 고민도 없이 쓸 수 있는 것이다. 이는 너무도 당연한 일이다. '최강의 커닝페이퍼'를 보면서 언제나 연습해 온 것과 똑같이 쓰기만 하면 되는 것이다.

어제까지의 당신도 그랬을지 모르지만 주변 사람들은 "메일 속에 재미가 있어야 해."라든가 "반사회적 요소는 넣으면 안 돼."라는 식으로 말하면서 그저 그런 수준의 메일 문장을 써보낸다. 이 차이가 100만 엔 벌이로 끝나는 사람과 억 엔 단위로 벌어들이는 수준의 차이를 낳게 한다.

모든 기업가들은 100만 엔을 벌거나 그 정도 벌이를 하는 정도까지는 영업의 노하우와 시스템을 어느 정도 이미지로 그려낼 수 있고 상상할 수 있다. 그러나 억 대로 올라서면 도무지 상상도 하지 못하는 것이다. 무엇이 있을 거라 생각한다. 그들은 뭔가 전혀 다른 방법이 있을 거라고 생각하거나 완전히 새로운 비법이 있을 것이라고 생각해 버리는 것이다.

하지만 그런 것은 없다.

100만 엔으로 끝나는 사람과 억 단위로 버는 사람의 차이는 진실로 사소한 데 있는 것이다.

정보원

4

광고를 정보원으로 한다

아무도 이해할 수 없는 '억만장자'의 불가사의한 행동

몇 번이나 언급했지만 우리들의 보다 기본적인 정보원은 '광고'이다.

히라도 하야시도 평상시에 특별한 준비를 한 것이 아니라 매일처럼 만나는 광고를 하나씩 모두 수집하고 있다. 예를 들자면 지금부터 3년 정도 전에 히라는 건강식품시장의 통신판매회사인 'Kiten輝点'이라는 회사를 출범시켰는데, 이미 말씀드린 것처럼 그 때 모든 광고를

215

다 수집하고 있었던 것이다. 게다가 히라는 평소부터 정말 많은 숫자의 잡지를 읽고 있었던 것이다.

주간지부터 비즈니스 전문지을 매주 잔뜩 사들고 들어와서는 회사에서 무아지경으로 읽고 또 읽었던 것이다. 때로 하야시는 히라가 무엇을 그리 열심히 읽는가 살펴보기도 했는데 히라는 아이돌 사진이나 누드 사진, 특별한 기사 따위가 아니라 놀랍게도 광고만 읽고 있었던 것임을 알 수가 있었다고 한다.

대략 잡지 기사를 훑어 본 후 어떤 기사가 실렸는지, 어떤 것에 독자가 흥미를 갖고 있는지를 가볍게 읽은 다음 광고에만 오로지 매달려 읽는 것이 그의 장기였다.

그는 괴팍하여 어떤 경우는 부자가 되게 해 준다는 수정水晶을 주문하는 일도 있었다. 그러나 대개는 어떤 상품을 보내오는지, 그 상품을 싼 포장에는 어떤 광고를 넣고 있는지, 구입해 준 고객에 대해 어떤 세일즈를 행하는지를 조사하는 것이다. 히라가 돈을 들여 구매한 상품 자체는 도착한 시점에서 이미 쓰레기통으로 직행하고 마는 것이다.

이 방법으로 모든 정보를 100% 파악할 수 있다

이것은 온라인에서도 똑같다. 우리들은 지금 일본에서 새롭게 팔리는 정보상품과 재료들 및 세미나에 대한 정보는 단 하나 빠뜨리지 않고 모두 파악하고 있는 것이다. 어떻게 그런 것이 가능할까?

매일 2, 3시간을 리서치하는 데 쓰고 있으면 가능할까? 그러나 그는 그렇게 쓸데없는 일을 하는 일은 절대 없다.

매일 5분간 리서치에 쓰고 있을 뿐이다.

그러면 구체적으로 어떻게 하고 있는 것일까? 그는 메일 메거진을 읽고 있는 것이다. 일본의 메일 광고의 특징 가운데 하나는 메일 메거진 광고가 유행하고 있다는 것이다. 보통은 4~5개 메일 메거진을 읽고 있는 사람이 많은데 우리들은 30개의 메일 매거진을 읽고 있다.

그러나 상상하시는 만큼 메일 매거진의 본문까지 샅샅이 읽는 것은 아니다.

기사는 5초 정도 읽고 끝낸다. 그리고 5행 광고와 독점광고를 읽고, 그리고 나면 링크 앞으로 와서 새로운 힘을 불어넣어주는 마케팅 광고를 읽고 그 사람을 정보원으로 추가하기도 한다. 게다가 각각 메일 매거진 광고 요금도 모두 일람표로 정리해 두고 있다. 왜냐하면 그것으로 그 잡지에 광고를 싣고 있는 사람의 비즈니스 모델을 예측할 수 있기 때문이다.

"10만 엔짜리 광고를 내고 있다는 것은 최저 1만 엔의 상품이라면 10개 이상 팔리지 않는다는 것을 보여주는군. 이 광고주는 몇 번이나 이 매체에 같은 광고를 내고 있으므로 다분히 짐작하고도 남아. 그렇다면 여기 이 메일 매거진에서 같은 상품을 팔 수 있겠는 걸…"
이라고 생각하게 되는 것이다.

이런 식으로 하고 나면 좀 더 정보원이 두터워지는 셈이다. 현재는 그 두터워진 정보원을 읽는 것만으로 네트워크 업계의 동향을 모두 파악할 수 있게 된 경지에 이르고 있다.

이런 것을 말하고 나면 "그 정보원 파일을 꼭 주십시오."라는 고객들이 반드시 나타나는 법이다.

실제 하야시의 정보원 교재를 구매해준 분들께는 이것을 특전으로 드리고 있다. 그러나 무조건 특전으로 드리는 것은 아니다. 단지 교재를 사주는 것만으로는 받을 수가 없는 것이다.

어느 정도 스스로 리서치하고 나름대로의 정보원을 만들어 온 분들에게만 그 정보원 파일을 양도하는 것이다. 왜냐하면 남에게 받은 파일을 사용하더라도 여기에 '자신의 감정이라는 정보원'이 들어 있지 않으면 안 되기 때문이다.

정보원

5

조직을 정보원으로 한다

자, 이제 마지막 정보원 이야기를 해 보기로 하자. 정보원 이야기 가운데 네 번째인 '광고의 정보원'은 기초적인 비즈니스의 힘을 길러주기 위해 반드시 필요한 것이다. 야구로 치자면 수비수들 훈련을 위해 코치가 천 번씩 공을 쳐주는 것이라고나 할까?

그러나 여기에는 치명적인 결점이 있다.

'그 광고가 정말 좋은 광고인지 아닌지 진실을 알기 어렵다'는 것이다. 그 광고매체의 요금과 주변의 평가, 광고의 겉모습 등에서 광고의 상품이 잘 팔리는지 아닌지는 대략 알 수 있지만 그것은 어디까지나 추측에 불과하다는 것이다. 광고하는 상품에 대해 고객으로부터 어떤 질문이 왔는지, 실제로는 얼마나 팔렸는지, 어떤 클레임을 받았는지 등 그런 자세한 정보는 도무지 알 길이 없다는 말이다.

이 책 처음에 좋은 상품을 일순간에 판별할 수 있도록 하기 위해서는 좋은 상품과 자주 접촉하는 것이 최고라는 이야기를 한 적이 있었다. 결국 억만장자의 비즈니스의 힘을 갈고 닦으려면 한 상품의 진실한 반응과 제대로 목표로 한 성과가 나온 광고는 어떤 것인지를 어느 정도는 알아야 할 필요가 있는 것이다.

그것을 알기 위해 필요한 것이 '조직의 정보원' 이다.

일대일 관계로 끝내지 말라

현재 히라의 입장에서 조직을 말한다면 인프로빅의 15만 명의 회원 조직, 로코스트 주택연구회라는 300개 사에 가까운 공무점 조직을 예로 들 수 있을 것이다. 거기까지 가진 않더라도 최소 2명만 있으면 조직이라 부를 수 있을 것이다. 10명 정도 되면 더 좋을 것이다.

이것은 당신에게 하는 질문이다.

광고를 낼 때 어떤 반응이 있었는지, 숫자적으로는 어느 정도의 반응률로 얼마나 팔리는지, 고객들로부터는 어떤 질문과 의견이 들어오는지, 어떤 세일즈 기법을 썼을 때 어떤 반응을 보였는지… 이런 궁금증을 가르쳐 주는 사람이 당신에게는 몇 사람이나 있는가?

가르쳐 줄 사람이 없다고 대답하실 분들도 있을 것이다. 또 5명 정도라는 분, 10명 정도 된다는 분도 물론 있을 것이다. 우리들의 최대의 강점은 우리들에게 그런 정보를 기쁜 마음으로 기꺼이 가르쳐 줄 사람이 무려 15만 명 있다는 것이다.

이것이 조직을 정보원으로 하는 방법이다.

물론 처음부터 큰 조직을 만들 수는 없다.

'히라는 컨설턴트니까 그런 조직을 만들 수 있는 거죠. 우리는 아무래도 무리거든요'

라고 말하는 분들도 있다. 그러나 히라라고 처음부터 화려하고 근사한 조직이 있었을 리는 만무한 일이다. 그도 처음부터 하나씩 만들었을 뿐이다. 그리고 조금씩 조직을 키우면서 수입도 늘리며 조직을 키워 온 것이다.

다이아몬드보다 가치 있는 '수치'

그러면 히라는 무엇을 한 것일까?

우선 그는 '고객확보 실천모임'이라는 모임의 회원이 되었다. 그리고 거기서 조직의 주재자인 간다 마사노리神田昌典선생은 물론이고, 곁에 앉은 사람과 적극적으로 이야기를 건 사람 등 모든 사람에게 자신이 지금 하고 있는 일과 그 반응들을 이야기 해 주었다. 그랬더니 그 중에서 어떤 이들은 이야기를 듣고 "좋은 이야기를 해주어서 감사하다"고 하는 사람이 있었는가 하면, 또 절반 정도는 "그런데 제 이야기도 들어보시죠. 이런 일이 있었거든요."하며 대꾸해 주기도 했다.

한편 어떤 이들, 주로 학구파들이라고 할 수 있는 이들은 그런 것에 일체 대꾸하지도 않고 좋은 자리에 앉아서 옆 사람 이야기는 아예 귀 기울이지도 않은 채 선생님이 해 주는 성공 사례만 듣는 것이 낫다고 생각하는 경우도 있을 것이다.

하야시가 하는 세미나에서는 세미나 시작 때 참가자 전원에게 3분간 정도를 주어서 지금 자신이 하는 일을 이야기하도록 하고 있다. 그런 것을 하도록 부탁하면 어떤 이는 이렇게 대답한다.

"저는 하야시 선생님 이야기를 들어러 온 거라서 다른 사람의 이야기를 듣자고 여기 온 게 아닌데…"
라며 심지어 화를 내는 이도 있다.

그러나 앞에서 이야기했지만 억만장자가 되기 위해 공부해서 되어 보겠다는 생각은 일단 집어치우라고 이야기하고 싶다.

교과서의 성공 사례는 분명 단편적이다. 그리고 과거의 이야기일 뿐이다. 더구나 숫자가 자꾸 덧붙여지고 고쳐져서 그야말로 과거의 수치로만 남게 되어 그저 참고할 만한 것뿐인 경우가 대부분이다.

그러나 살아 있는 기업 이야기는 다르다. 그 상황에서 질문할 수 있다면 무조건 부딪쳐가며 질문해야 한다. 그러면 거기서 얻는 정보는 살아 있는 정보가 되며 정보의 가치와 무게도 무한정이다.

히라는 그런 정보교환을 적극적으로 하고 있다가 그 실천모임에서 파트너 컨설턴트가 되었다. 그 다음에 나가노 지부를 만들었고 로코스트 주택연구회를 세우게 된 것이다.

별로 뭔가를 의식하여 만들려고 애쓴 것이 아니라 자신이 하고 있는 것을 오로지 남들에게 이야기해 준 것뿐이었다. 우선 일대일 대면 관계에서 이야기하는 것에 익숙해진다면 연구모임이나 세미나, 미팅 등에서 회원 조직을 만들고 그런 식으로 자연스럽게 단계적인 조직을 구축하는 것은 그리 어려운 일이 아니다.

1인 기업이라는 것은 어디까지나 한 명의 개인 사업일 뿐이다. 시행착오도 하고 고객들로부터의 반응도 자신이 했던 것에 대해서만 돌아오게 된다. 그러니 진실하고 풍부한 전체 데이터를 얻기는 어려운 것이다.

하지만 조직에는 리더 밑으로 모든 정보들이 상담의 형태로 다양하게 들어오게 된다.

따라서 조직의 멤버가 늘어나면 늘어날수록 100, 1,000, 10,000으로 살아 있는 고객의 정보들이 우르르 모여드는 것이다.

'같은 광고를 쳐도 히로시마에선 반응이 일체 없었다. 홋카이도에서는 30건 있었다. OO 기업의 OO 씨가 광고를 수정해서 게재했을 때 반응이 두 배가 되었다'는 등 거짓이 아닌, 진짜 살아 있는 생생한 정보가 차례차례 상세하게 쌓일 수 있는 것이다.

여기서 중요한 것은 '수치'다.

우리들 밑에 매일처럼 도착하는 것은 무수한 수치들이다. 이 숫자들은 반응률 2배, 혹은 클레임 5건, 방문견학회 10팀 입장, 소책자 정보 10건 등등 이루 헤아릴 수 없는 수치 정보들이다. 사실 이 수치야말로 고객의 마음과 생각을 읽을 수 있는 진짜 산 정보들이다.

누구라도 앙케이트로 고객의 속마음을 알아낼 수는 없다. 앙케이트 따위에 진심을 쓰지는 않기 때문이다. "주택을 원하십니까?"라고 앙케이트에서 물으면 신청하라고 할까봐 "아니오"라고 대답한다. 비록 대면이라고 할지라도 진심을 듣기는 어려운 것이다. 그것이 고객이다. 그러나 수치는 거짓이 없다. 진정한 고객의 마음을 들여다 볼 수 있는 것이다.

방문견학회에 참석한 사람 수치는 거짓이 아니다. 소책자를 청구한 사람의 숫자도 거짓이 아니다. 그같은 행위를 한 사람의 마음이 수치로 그대로 드러나 있는 것이다. 그런 탓에 이 수치를 많이 모으면 모을수록 고객의 진실한 기분과 감정을 이해할 수 있게 되며 나아가 속마음까지도 읽을 수 있게 되는 것이다.

요컨대 '수치를 통제할 수 있는 자가 고객의 기분을 통제한다.'는 말이 나오는 것이다.

"고객의 기분을 상상해 보세요."라는 말이 얼마나 살아 있는 중요한 말이 되는지 깨달을 수가 있을 것이다.

거래를 하는 비즈니스맨은 고객의 기분을 손에 잡을 듯이 알아차리지 않으면 안 된다. 고객 이상으로 알아야 비즈니스와 거래가 이루어지는 것이다.

이 때문에 제 일보로 당신이 그런 수치를 정확히 기록하는지 어떤지를 점검할 필요가 있으며 그것이 중요한 과정이 되는 것이다.

제일 처음 낸 광고는 얼마짜리였는가? 그 반응은 몇 건이 왔으며, 클레임은 몇 건이었는가? 홈페이지 액세스 수치는 얼마나 되었는가? 그런 숫자를 정확하게 기록하고 파악해 둘 필요가 있는 것이다.

그렇게 하지 않으면 고객의 기분을 아는 것은 꿈도 꾸기 어렵다. 세미나에 참가하더라도 상대에게 제공할 수 있는 수치가 없으므로 상대방으로부터 내가 원하는 수치도 얻어낼 수 없다.

당신이 '조직의 정보원' 만들기를 시작하려면 우선 당신이 하고 있는 혹은 하려고 하는 비즈니스의 수치를 모두 기록하라. 그리고 그것을 자꾸 남들에게 이야기하라.

그것이 성공의 첫 출발점이다.

대외비 따위는 없다

자신이 생각한 아이디어를 남에게 도적질 당하기 싫다는 분들이 많을 것이다. 당연히 자신이 해 놓은 일의 정보는 가르쳐 주지 않을 것이다. 차라리 스스로 교재를 만들어 다른 사람에게 마케팅을 가르칠 때를 위해 만들어 두려고 할 것이다. 거기까지 생각하지 않더라도 자신이 만들어 낸 귀중한 것을 그냥 남에게 준다는 것에는 심리적 저항감이 발생하기 마련이다.

하지만 조직이라는 정보원을 만들어 두고 싶다면 기업 비밀과 대외비 등을 만들지 말고 차라리 남들에게 자꾸 가르쳐 주는 편이 결과적으로 훨씬 나을 것이다.

히라도 하야시도 이 방법으로 지금껏 일해 왔다. 자신들이 성공한 노하우는 모두 공개해버렸던 것이다. 자신의 사례를 가르침으로써 상대로부터도 필요한 정보를 얻을 수 있었다. 서로 알고 지내는 1,000명에게 자신의 한 가지 실천 사례를 보냈더니 500명으로부터 실천 사례를 받을 수 있었다. 내가 가진 떡 하나가 남들이 가진 떡시루보다 낫다고 생각하는가?

그 수치가 1만, 10만으로 늘어날 것을 상상해 보라. 그렇게 되면 조직으로부터 들어오는 정보는 무한정이 되지 않겠는가?

이상 5가지 정보원을 만들어 그 정보를 커닝페이퍼로 쓴다면 누구보다도 당신은 즐겁게 억만장자가 될 수 있을 것이다.

더구나 그것도 행복하고, 매력적인 억만장자가 될 수 있을 것이다.

세상에는 수많은 여러 사람들이 부자가 되는 방법을 저 나름대로 공개하고 있다. 그것을 선택하는 포인트는 자신이 어떤 억만장자가 되고 싶으냐에 달려 있는 일이다.

히라 그리고 하야시처럼 되고 싶은 분은 반드시 우리들이 했던 방법으로 하라. 우리가 했던 방법, 억만장자의 커닝페이퍼를 만들기 시작하라.

이 책에서 공개한 히라와 하야시의 가르침을 충실하게 실행만 한다면 당신은 확실하게 억만장자가 될 수 있을 것이다. 만약 당신이 억만장자가 되고 싶으면 말이다.

단, 진실하게 정말 그렇게 되고 싶어 하는 사람은 겨우 10%에 불과하다. 연간 1,000만 엔을 벌면 그 다음부터는 취미의 세계에 이르게 된다. 여행하고 싶어 하고 즐기고 싶어 한다. 그런 삶도 있는 법이다. 그러면 또 어떤가.

이 '억만장자의 커닝페이퍼' 프로그램은 그런 분들이라도 즐겁게 비즈니스를 하면서 자유롭게 꿈을 찾아 달성할 수 있도록 만들어져 있다.

실제 이 프로그램의 실천자들에게는 정말 다양하고 다채로운 사람들이 포함되어 있다. 월 매출 1억 2,000만 엔을 달성하는 젊은 사장도 있고 농촌의 할머니가 소비자인 고객과 다이렉트로 이어져 기뻐하는 경우도 있다. 그녀는 치매끼가 있었는데 억만장자 프로그램을 통해 한 번에 회복하고 즐겁게 살고 있다.

십 수년간 근무하던 시골 회사를 사직하고 카피라이터로 도쿄에서 활약하기 시작한 사람도 있다. 모두가 인생을 즐겁게 빛나게 살아가는 사람들이다.

무엇보다도 5년 전까지 보통 사람이었던 히라 히데노부는 명실공히 억만장자가 되었다. 5년 전까지 무명의 대학생이었던 하야시는 회사의 매출을 10배나 올려 미국에서 창업한 후 일본에 귀국하여 지금까지 일을 계속하고 있다.

3년 전 정월 히라와 하야시는 회사의 사원여행 프로그램으로 하와

이를 다녀왔다. 인프로빅은 아직 히라와 히라의 부인과 하야시 이렇게 3인 밖에 없을 때였다.

아직 히라는 억만장자의 반열에 들지도 못하던 때였다. 하야시는 365일 같은 옷을 입고 있었고 100엔도 벌지 못할 때이기도 했다. 그러나 이 무렵에는 명확하게 목표가 보였다. 지금 현재의 우리들 모습이 보였고 머릿속에 확실하게 그려졌던 것이다. 그리고 이 책을 내서 모두에게 공개할 것도 이미 알 수 있었다.

이제 당신 차례다.

지금까지 어떤 상태였든지 관계없다. 꿈을 펼치고 싶은 각오라면 이제부터 '억만장자의 커닝페이퍼'를 만들기 시작하라.